LEKTÜRESCHLÜSSEL
FÜR SCHÜLERINNEN UND SCHÜLER

Heinrich von Kleist
Das Erdbeben in Chili

Von Susanne Gröble

Philipp Reclam jun. Stuttgart

Dieser Lektüreschlüssel bezieht sich auf folgende Textausgabe:
Heinrich von Kleist: *Die Marquise von O … / Das Erdbeben in Chili*. Stuttgart: Reclam, 2004 [u. ö.]. (Universal-Bibliothek. 8002.)

RECLAMS UNIVERSAL-BIBLIOTHEK Nr. 15322
Alle Rechte vorbehalten
© 2004 Philipp Reclam jun. GmbH & Co. KG, Stuttgart
Gesamtherstellung: Reclam, Ditzingen
Printed in Germany 2010
RECLAM, UNIVERSAL-BIBLIOTHEK und
RECLAMS UNIVERSAL-BIBLIOTHEK sind eingetragene
Marken der Philipp Reclam jun. GmbH & Co. KG, Stuttgart
ISBN 978-3-15-015322-2

www.reclam.de

Inhalt

1. Erstinformation zum Autor und Werk **5**
2. Inhalt **8**
3. Personen **15**
4. Aufbau und Gestaltung **24**
5. Wort- und Sacherläuterungen **30**
6. Interpretation **35**
7. Autor und Zeit **49**
8. Rezeption **65**
9. Checkliste **70**
10. Lektüretipps **75**

Anmerkungen **78**

Raum für Notizen **79**

1. Erstinformation zum Autor und Werk

Heinrich von Kleist (1777–1811) lebte in einer Zeit des Umbruchs. Aufklärerisches Freiheitsdenken hatte die Welt ergriffen. Als er zwölfjährig war, brach die Französische Revolution aus, als er im Potsdamer Regiment diente, geriet er mitten in den ersten Koalitionskrieg. Bald darauf begann Napoleon Bonaparte sich den Ruf der Unschlagbarkeit zu verschaffen; er war zum Erzfeind geworden als Kleist starb. Wachsendes Nationalitätsbewusstsein trat an die Stelle aufklärerischen Weltbürgertums, reformerische und konservative Kreise stritten sich über die Gestaltung eines neuen deutschen Staates. Diese Entwicklung vom aufklärerischen, nur der Vernunft verpflichteten Denken hin zur Politisierung und Radikalisierung des Lebens inmitten des Auf- und Abbaus von Gesellschafts- und Denksystemen spiegelt sich auch in Kleists Werken.

Kleist war voller Widersprüche. Er war ein kompromissloser Denker und zugleich ein sensibler, Stimmungen unterworfener Mensch. Er erträumte sich ein erfülltes Familienleben, aber es gilt heute als zumindest wahrscheinlich, dass ihm auch homoerotische Neigungen zu schaffen machten. Nicht nur mit seiner auf Militärkarriere und Beamtenlaufbahn fixierten Familie hatte er Mühe. Seine Leser schockierte er, weil er Leidenschaft, Gewalt, Grausamkeit, Macht so kompromisslos darstellte, wie er dachte; seinen Freunden machten seine Stimmungsumschläge zu schaffen. Er war begeisterungsfähig und der Zufall scheint ihm immer wieder Freunde zugespielt zu haben, die ihn zur Realisierung einer großen Idee anspornten. Das führte zu spontanen

Entschlüssen, mit denen er sein bisheriges Leben zu wenden gedachte. Wenn er scheiterte, stand er vor dem Nichts, mehr als einmal wollte er aufgeben. Manchmal versuchte er, wie man es von ihm erwartete, ein Amt anzunehmen. Er wurde von vielen als einsamer Mensch erlebt, und doch brauchte er für alle wichtigen Entschlüsse Freunde, die ihn leiteten. Das war auf seinen langen Reisen der Fall, es traf sogar für seinen Tod zu: Erst als er Henriette Vogel begegnete, die mit ihm sterben wollte, setzte er den Todeswunsch in die Tat um.

All das spiegelt sich in seinen Werken. Er wurde zum Dichter, als sein Weltbild zerbrach und er den Halt verlor. In seinen Dichtungen suchte er nach Wahrheit in einer Welt, in der es nur Ungewissheit gab. Auch im *Erdbeben in Chili* ist er auf dieser Suche.

Die Erzählung erschien zuerst 1807 in Cottas *Morgenblatt für gebildete Stände* unter dem Titel *Jeronimo und Josephe. Eine Scene aus dem Erdbeben zu Chili, vom Jahr 1647*. 1810 wurde sie in den ersten Band *Erzählungen* aufgenommen. Vollendet war sie vermutlich 1806; der Inhalt der Briefe, die er um 1801/02 schrieb, macht es aber wahrscheinlich, dass zumindest die Idee dazu früher entstand. Der persönliche Hintergrund ist nicht zu übersehen. Jeronimo ist in vielem ein Selbstbildnis.

> In der Erzählung stehen Ordnung und Chaos einander gegenüber. In der Apokalypse, die durch den Zusammenbruch der materiellen und der sittlichen Ordnung entsteht, offenbart sich eine furchtbare, aber unerfassbare Wahrheit; erkennbar wird sie nur indirekt, im Zufall, der zwar interpretiert, aber nicht verstanden werden kann, und in ihrer Wirkung: in Zerstörung und Brutalität.

Kleists Angst vor dem schwarzen Loch, das sich auftut, wenn die Endlichkeit des Verstands die Erkenntnis des Absoluten verwehrt, war auch Faszination. Vielleicht konnte er deshalb die apokalyptischen Szenen so realistisch gestalten, dass ein Großteil der Leserschaft sich schockiert abwandte.

Die soziale und sittliche Ordnung, die dem Chaos, das furchterregend, aber auch großartig ist, gegenübersteht, versagt auf eine schreckliche Weise. Dass die Kirche das Erdbeben als Vorboten des Jüngsten Gerichts deutet, ist ihr verzweifelter Versuch, den Glauben an die Gültigkeit des zusammenbrechenden Gefüges zu erhalten. Sie wird Erfolg haben, denn die Menschen brauchen die Sicherheit, die sie aus der sozialen Hierarchie und deren moralischen Gesetzen gewinnen.

Seinem pessimistischen Weltbild hält Kleist eine Utopie entgegen: die Idylle im Tal. Hier verwirklicht sich eine sittliche Ordnung, die sich gerade in der Katastrophe bewährt. Aber sie bleibt Utopie, die Menschen streben zurück in die alten Machtverhältnisse.

Das einzig Hoffnungsvolle ist Jeronimos und Josephes Liebe. Sie finden das vollkommene Glück, wenn auch nur für kurze Zeit, vielleicht gerade deshalb. Sie sterben, aber der Zufall – die Wirkung des nicht erfassbaren absoluten Gesetzes – rettet ihr Kind. Ob ihre Liebe in ihm weiterlebt, bleibt offen. Die Zeichen stehen schlecht. – Die Erzählung *Der Findling* scheint die Gedankenkette des *Erdbebens in Chili* fortzusetzen: Nicolo, ein Adoptivsohn wie Philipp, integriert sich scheinbar in die bestehende Ordnung, aber ihn halten weder die sozialen noch die ethischen Bindungen, darum verkörpert sich in ihm ein absolut Böses. Der Mensch ist bei Kleist nicht von Natur aus gut, sondern er ist Natur, und das kann auch heißen: zerstörerisch.

2. Inhalt

Der Anfang

»In St. Jago, der Hauptstadt des Königreichs Chili, stand gerade in dem Augenblicke der großen Erderschütterung vom Jahre 1647, bei welcher viele tausend Menschen ihren Untergang fanden, ein junger, auf ein Verbrechen angeklagter Spanier, namens *Jeronimo Rugera*, an einem Pfeiler des Gefängnisses, in welches man ihn eingesperrt hatte, und wollte sich erhenken« (49[1]). Nach diesem berühmten ersten Satz lässt Kleist die aufgebaute Spannung bestehen und wendet sich der Vorgeschichte zu.

Die Vorgeschichte

Jeronimo ist Hauslehrer bei Don Henrico Asteron, einem der angesehensten Männer der Stadt, bis seine Liebesbeziehung zu dessen Tochter Josephe aufgedeckt wird. Jeronimo wird entlassen, Josephe muss als Novizin in ein Kloster eintreten. Aber die Liebenden treffen sich heimlich und verbringen eine Liebesnacht im Klostergarten. Am Fronleichnamsfest kommt es zum Skandal, als Josephe auf den Stufen der Kathedrale ein Kind gebärt. Jeronimo wird gefangen gesetzt, Josephe aber zum Tod verurteilt. Der Erzbischof selbst beharrt auf dem strengen Urteil, denn die Öffentlichkeit ist so erbittert über die offenbare Sittenlosigkeit im Kloster, dass weder die Fürbitten der Familie Asteron noch die der Äbtissin Einfluss haben; auch der Vizekönig kann nur den Tod durch Verbrennen in Enthauptung mildern.

Am Hinrichtungstag sind alle Fenster, von denen aus man den Hinrichtungszug sehen kann, vermietet, denn niemand will das wichtige Ereignis versäumen.

2. INHALT

Jeronimos Fluchtversuche sind misslungen, auch sein verzweifeltes Gebet zur Mutter Gottes bleibt ohne Wirkung. Am Tag von Josephes Hinrichtung will er seinem Leben ein Ende machen. Doch in diesem Augenblick bebt die Erde und der größte Teil der Stadt stürzt in sich zusammen. In heillosem Schrecken klammert Jeronimo sich an den Pfeiler, an dem er sich Sekunden vorher hat erhängen wollen, dann flieht er über Schutt und Trümmer, bedroht durch das Wasser des Mapochoflusses und die ausbrechenden Brände, inmitten von in Panik geratenen Menschen auf einen Hügel außerhalb der Stadt, wo er ohnmächtig niedersinkt.

> *Das Erdbeben und Jeronimos Flucht*

Als er wieder zu sich kommt, fühlt er sich wie neugeboren, und erst, als er die zerstörte Stadt hinter sich erblickt, wird er sich des Geschehenen bewusst und dankt Gott weinend für seine Rettung. Da erinnert ihn der Ring an seinem Finger an Josephe, und nun versucht er verzweifelt, unter den umherirrenden Überlebenden wenigstens auf ein Lebenszeichen von ihr zu stoßen. Als eine Frau ihm sagt, sie sei tot, gibt er alle Hoffnung auf und begreift nicht, wie ihm je an der Erhaltung seines Lebens hat liegen können. Doch dann macht er sich wieder auf, sie zu suchen, und tatsächlich: Bei Sonnenuntergang erblickt er eine junge Frau, die ihr Kind im Wasser einer Quelle badet, es ist Josephe.

Josephe dankt ihre Rettung der ausbrechenden Panik. Als alles wegrennt, läuft auch sie spontan von den Häusern fort, aber schon nach ein paar Schritten fasst sie sich und kehrt ins Kloster zurück, um ihr Kind zu holen, und rettet es im letzten Augenblick aus dem brennenden Gebäude. Gerade als sie die Äbtissin, die den Säugling in ihre Obhut genommen hatte,

> *Josephes Flucht*

umarmen will, wird diese mit mehreren Nonnen von einem herabstürzenden Giebel erschlagen. Entsetzt flieht sie davon, nur die Fürsorge für ihr Kind gibt ihr die Kraft, das Schreckliche zu ertragen. Als sie auch das Gefängnis in Trümmern sieht, raubt der Gedanke an Jeronimo ihr beinah die Besinnung, aber die Angst um ihr Kind jagt sie weiter. Im Freien, unter den vielen andern Geretteten, schöpft auch sie wieder Hoffnung. Sie sucht Zuflucht in einem von Pinien bewachsenen Tal, und hier ist es, wo Jeronimo sie findet. Für die beiden ist ein Wunder wahr geworden. Das mondbeschienene stille Tal wird ihnen zum Garten Eden. Weil sie in ihrer Seligkeit allein sein wollen, ziehen sie sich unter einen Granatapfelbaum zurück und überlassen sich ihrer Dankbarkeit und ihrem Glück. Sie planen, sich so schnell wie möglich von La Conception aus nach Spanien einzuschiffen, um bei Jeronimos mütterlichen Verwandten eine neue Heimat zu finden.

Am nächsten Tag scheint die Welt verändert. Zahlreiche Familien haben sich um ein Feuer versammelt und versuchen das Frühstück zu bereiten, fast herrscht Betriebsamkeit. Als ein junger Mann mit einem Säugling auf dem Arm Josephe bittet, seinem kleinen Juan Nahrung zu geben, weil die Mutter zu schwach sei, ihn zu nähren, reagiert sie erst verlegen, denn sie erkennt Don Fernando Ormez, den Sohn des Kommandanten der Stadt, aber sie ist froh, jemandem helfen zu können.

> Das Glück im Tal

Don Fernando ist so dankbar, dass er sie zu seiner Familie einlädt, und bald finden sich Jeronimo und Josephe mit ihrem kleinen Philipp freundschaftlich aufgenommen in einer der geachtetsten Familien der Stadt. Donna Elvire, Don Fernandos Gattin, schließt Josephe in ihr Herz, aber auch die Schwägerinnen, Donna Constanze und Donna Elisabeth, fühlen sich zu den jungen Leuten hingezogen, sogar Don Pedro, der Schwiegervater, grüßt Josephe freundlich.

In Jeronimo und Josephe streiten sich die Gefühle. Die Freundschaft und Liebe, der sie begegnen, macht sie über alle Maßen glücklich, fast scheint ihnen, das Vergangene sei nur ein böser Traum gewesen. Aber auch die andern Menschen scheinen alles Frühere vergessen zu haben. Nur Donna Elisabeth, die sich schon geweigert hatte, dem Zug, der Josephe zur Hinrichtung führen sollte, beizuwohnen, blickt immer wieder nachdenklich auf Josephe.

Unter den Geretteten kursieren mittlerweile schaurige Geschichten über die vergangenen Ereignisse in der Stadt. Unvorstellbares habe sich ereignet, Frauen seien in aller Öffentlichkeit niedergekommen, Geistliche hätten den Weltuntergang ausgerufen, der Vizekönig sei totgesagt worden, er habe Galgen errichten lassen müssen, um der Meuterei und dem Aufruhr Einhalt zu gebieten, ja Unschuldige seien unter dem Verdacht der Dieberei kurzerhand umgebracht worden.

> Berichte aus der Stadt

Donna Elvire, die von Josephe aufmerksam gepflegt wird, ist tief ergriffen, als sie von deren Schicksal erfährt. Ihre Anteilnahme ist für Josephe ein Geschenk des Himmels, es ist, als ob aus all dem Schrecklichen nun ein großes Glück entstanden sei. Die im Tal versammelten Menschen scheinen zu einer neuen, wahrhaft menschlichen Gemeinschaft zusammenzuwachsen, Standesunterschiede sind aufgehoben, nur Hilfsbereitschaft zählt, »als ob das allgemeine Unglück alles, was ihm entronnen war, zu *einer* Familie gemacht hätte« (58).

> Eine ideale menschliche Gemeinschaft

In der Euphorie des Gerettetseins erzählt man sich Geschichten außerordentlichen Heldentums, Taten der Selbstlosigkeit, des Großmuts, des Mitleidens machen die Runde. Jeronimo glaubt an dieses Aufblühen einer reinen Menschlichkeit und hält es nicht mehr für notwendig, mit seiner Familie das Land zu verlassen. Er sei sicher, dass der Vizekönig sein Gnadengesuch bewilligen werde. Auch Josephe wünscht zu bleiben, aber sie überredet ihn, das Gnadengesuch schriftlich von La Conception aus einzureichen, damit sie im negativen Fall den Weg nach Spanien offen hätten.

Am Nachmittag kommt die Nachricht, dass in der Dominikanerkirche, der einzigen nicht zerstörten, eine Dankesmesse gelesen werde. Schon brechen von allen Seiten die Menschen dahin auf. Auch Don Fernandos Gruppe will teilnehmen. Besonders Josephe, aber auch den andern ist es ein Bedürfnis, dem Schöpfer für die wunderbare Rettung zu danken. Nur Donna Elisabeth rät zum Aufschub, sie glaubt nicht, dass die Gefahr vorüber sei. Sie wird überstimmt, aber da sie vergeblich gegen ihre unheilvolle Ahnung ankämpft, fordert man sie auf, bei der kranken Donna Elvire und ihrem Vater zu bleiben. Josephe, die den kleinen Juan trägt,

Der Aufbruch in die Stadt

möchte ihn ihr übergeben, aber er will nicht von Josephe lassen. Die Gruppe entfernt sich nun, Josephe mit dem kleinen Juan an Don Fernandos Arm, Jeronimo, der seinen Sohn Philipp trägt, führt Donna Constanze. Nach wenigen Schritten ruft Donna Elisabeth, die aufgeregt mit Donna Elvire geflüstert hat, ihren Schwager zurück. Dieser reagiert unwillig, ja zornig auf die Worte, die sie ihm zuflüstert und geht mit seiner Gruppe weiter.

In der Kirche und davor drängt sich eine riesige Menschenmenge. Orgelmusik schwillt an und das Kircheninnere erstrahlt im Licht des Sonnenuntergangs und der Kronleuchter. Ein Gefühl heiliger Inbrunst schwebt über allem. Einer der ältesten Chorherren hält die Predigt. Auch ihn ergreift die herrschende Stimmung. Er beginnt mit Lob und Dank für die Geretteten, preist die Allmacht Gottes, der Strafe gesendet, aber dennoch Erbarmen mit den Menschen gezeigt habe, und lässt sich dann dazu hinreißen, das Erdbeben zu einem Vorboten des Weltuntergangs zu machen und der Stadt eine Strafe, wie sie einst Sodom und Gomorrha traf, anzukündigen, wenn sie in ihrer Sittenlosigkeit verharre. Als Beispiel dafür nennt er Josephes und Jeronimos Liebesnacht im Klostergarten und verflucht die beiden Sünder.

> Der Dankgottesdienst

Donna Constanze und Don Fernando erkennen die Gefahr, aber sie suchen vergeblich nach einer Möglichkeit, die Kirche unauffällig zu verlassen. Jemand unterbricht die Predigt mit dem Ruf: »Weichet fern hinweg, ihr Bürger von St. Jago, hier stehen diese gottlosen Menschen!« (62), Aufruhr erhebt sich, man will Josephe niederreißen. Don Fernando, den man für Jeronimo hält, gibt sich als Sohn des Kommandanten zu erkennen, aber Meister Pedrillo, ein Schuster, der für Josephes Familie gearbeitet hat und Josephe kennt, glaubt ihm nicht. Auch Josephe, die immer noch Don Fernandos Sohn trägt, kann ihn nicht überzeugen. Da im nun folgenden Tumult der kleine Juan, den man für ihren Sohn hält, in die Arme Don Fernandos strebt, sieht man den Beweis erbracht, dass er Jeronimo ist und droht beiden mit Steinigung. Im letzten Moment stellt Jeronimo sich den Rasenden und zugleich identifiziert der Marineoffizier Don Alonzo Onoreja Don Fernando, deshalb kehrt kurz Ruhe ein und Don Fernando versucht Jeronimo und Jo-

> Der Aufruhr in der Kirche

sephe dem Offizier in Schutzhaft zu übergeben. Der Schuster lässt sich aber nicht zum Schweigen bringen. Nun bietet sich Josephe der rasenden Meute zum Opfer an, nachdem sie beide Kinder Don Fernando gereicht und als die seinen ausgegeben hat. Don Fernando hat sich den Degen des Offiziers ausgeliehen und kann der Gruppe den Weg aus der Kirche freikämpfen, aber draußen wird Jeronimo von seinem eigenen Vater erschlagen. Ein anderer Rasender tötet Donna Constanze, die er für Josephe hält. Der Irrtum wird sogleich offenbar, aber das stachelt die Wut des Schusters nur noch mehr an. Blutrünstig schlägt er Josephe nieder, die sich der Meute übergibt, dann sucht er ihr Kind. Don Fernando, der immer noch beide Kinder hält, wehrt sich gegen mehrere Angreifer, aber Meister Pedrillo »ruhte nicht eher, als bis er der Kinder eines bei den Beinen gerissen, und, hochher im Kreise geschwungen, an eines Kirchpfeilers Ecke zerschmettert hatte« (65).

> Das Massaker

Man trägt die Leichen in Don Alonzos Wohnung. Auch Don Fernando verbringt die Nacht dort mit dem kleinen Philipp, der allein am Leben geblieben ist. Seiner Gattin wagt er die ganze Wahrheit lange nicht zu sagen, teils aus Rücksicht auf ihre Schwäche, teils weil er ihre Reaktion fürchtet. Sie erfährt alles zufällig von einem Besuch und weint ihren Schmerz im Stillen aus. Dann vergibt sie ihrem Gatten und beide nehmen Josephes und Jeronimos Sohn als ihren Pflegesohn an.

> Ausblick

3. Personen

Kleists Erzählung konzentriert sich zunächst ganz auf das Schicksal Jeronimos und Josephes. Dann werden Don Fernando und seine Familie immer wichtiger, bis sie am Schluss die Stelle Jeronimos und Josephes einnehmen. Ihnen gegenüber stehen die für die Katastrophe Verantwortlichen: der predigende Chorherr und die fanatisierte Menge der Kirchgänger.

Jeronimo, Hauslehrer in einem der angesehensten Häuser St. Jagos, hat sich in jugendlicher Sorglosigkeit mit seiner Liebe zur Tochter des Hauses über alle Standesunterschiede und Gebote der Kirche hinweggesetzt. Er ist ein warmherziger junger Mann, kümmert sich aber zu wenig um die Macht der gesellschaftlichen Strukturen und sozialen Sanktionen. Noch im Gefängnis kann er kaum glauben, dass Josephe und er, nur weil sie sich lieben, verurteilt werden sollen. Als seine Rettungsversuche und auch der verzweifelte Hilferuf an die Mutter Gottes nichts fruchten, gibt er auf und will sich erhängen. Das ist eine Grundlinie seines Charakters: Im Glück übersieht er leicht die Gefahren, sobald sich aber eine Macht als stärker erweist, stürzt er in tiefe Verzweiflung. Dass im Augenblick, wo er sich den Tod geben will, der Tod die ganze Stadt bedroht, lähmt ihn. Reflexartig gehorcht er dem Lebenstrieb und flieht aus der Stadt hinaus. Dort siegt der Schock über ihn, er fällt in Ohnmacht. Als er erwacht, dankt er Gott kniefällig für das neue Leben, weinend vor wiedergefundener Lebenslust. Doch schon greift die Verzweiflung nach ihm: Er denkt an Josephe. Der Gott,

> Jeronimo

dem er gedankt hat, erscheint ihm nun fürchterlich und sein Gebet reut ihn. Dann schöpft er wieder Hoffnung, sucht Josephe, verliert die Hoffnung, begreift nicht, warum er sein Leben gerettet hat, und bricht weinend zusammen. Noch einmal rafft er sich auf. Als er Josephe tatsächlich findet, glaubt er sich der Realität enthoben. Sein Ausruf »O Mutter Gottes, du Heilige!« (53) ist Dankgebet, aber auch Sprachlosigkeit über das Wunder, das sich ihm in der jungen Frau mit ihrem Kind verkörpert.

Nun zählt für beide nur noch das Glück des Wiederfindens. Ihr Taktgefühl und der Wunsch, allein zu sein, führen sie an einen Platz abseits der anderen Menschen, wo sie über das Vergangene sprechen und die Zukunft planen können.

Von nun an tritt Jeronimo in den Hintergrund. Noch einmal ergreift er eine Initiative, als er Josephe vorschlägt, ein Gnadengesuch beim Vizekönig einzureichen, überzeugt, dass dieses bewilligt werde. Auch in dieser Sache überlässt er sich seinem Gefühl; er kann nicht glauben, dass eine Gemeinschaft, die im Unglück Nächstenliebe und Mitmenschlichkeit über alle Standesunterschiede stellt, noch dem früheren erbarmungslosen Gesetz verhaftet ist. Doch danach hört Jeronimo auf, aktiv zu sein. Er geht mit, tut, was die andern beschließen. Er führt Donna Constanze, weil Don Fernando schon Josephes Arm genommen hat, und er trägt seinen Sohn, weil der kleine Juan nicht von Josephe lassen will. Als die Situation in der Kirche eskaliert, ruft Constanze nicht ihn, sondern ihren Schwager zu Hilfe, und auf Don Fernandos hilfesuchenden Blick, als Meister Pedrillo diesen für den Vater von Josephes Kind hält, reagiert er nicht. Erst im allerletzten Moment gibt er sich zu erkennen. Unmittelbar darauf wird er von seinem Vater erschlagen.

3. PERSONEN

So wie Jeronimo gegen den Schluss, bleibt **Josephe** am Anfang der Erzählung im Hintergrund. Sie handelt kaum, sondern lässt mit sich geschehen. Sie wird ins Kloster geschickt, weil sie sich in ihren Hauslehrer verliebt hat. Ihre Liebesnacht bringt sie in Todesgefahr. Als Frau und als Angehörige ihres Standes müsste sie die Konsequenzen ihres Handelns noch klarer bedenken als Jeronimo, aber man erfährt nichts davon und nichts von der Zeit ihrer Schwangerschaft. Allein die Tatsache, dass sogar die Äbtissin sich für sie einsetzt und für ihr Kind zu sorgen verspricht, lässt auf eine starke junge Frau schließen.

> Josephe

Diese Vermutung wird im Folgenden bestätigt. Auch Josephe läuft im Augenblick des Erdbebens reflexartig um ihr Leben, kehrt aber schon nach ein paar Schritten um und holt ihr Kind aus dem Kloster. Dann flieht sie durch dasselbe Inferno wie Jeronimo, aber sie nimmt wahr, was um sie herum geschieht: »Sie hatte noch wenig Schritte getan, als ihr auch schon die Leiche des Erzbischofs begegnete [...]. Der Palast des Vizekönigs war versunken, der Gerichtshof [...] stand in Flammen, und an die Stelle, wo sich ihr väterliches Haus befunden hatte, war ein See getreten und kochte rötliche Dämpfe aus« (54). Es sind die Orte, an denen ihr Schicksal sich entschieden hat. Beim Anblick der Trümmer von Jeronimos Gefängnis wird sie beinah ohnmächtig, aber sie bezwingt sich und gelangt in das Piniental, wo Jeronimo sie findet.

Auch am nächsten Tag erweist sie sich als gefühlsstarke junge Frau, die den Blick für die Realität behält; sie schätzt eine Situation nüchtern ein und handelt ohne zu zögern so, wie die Lage es verlangt. Zwar reagiert sie verwirrt auf Don Fernandos Bitte um Nahrung für sein Kind, weil sie, die Ausgestoßene, den Sohn des Kommandanten erkennt, aber sie hilft sofort. Sie hat, wie Jeronimo, »Gedanken von seltsamer Art« (57), als sie mit so viel Freundlichkeit aufgenommen wird, wo man sie doch nur einen Tag vorher hat hinrichten wollen. Auch ihr erscheint das Vergangene wie ein böser Traum, aber sie bleibt vorsichtig: Sie rät, das Gnadengesuch von La Conception aus zu stellen, damit ein Fluchtweg offen bleibe. Bald ist sie der Mittelpunkt in der Gruppe. Der kleine Juan ist am liebsten bei ihr. Sie gewinnt Donna Elvires Freundschaft. Ihr Wunsch gibt den Ausschlag dafür, dass man zur Messe geht, und »die Würdigkeit und Anmut ihres Betragens« (60) bewegt Don Fernando dazu, ihr den Arm zu bieten und seine Schwägerin Jeronimo zu überlassen. In der Kirche reagiert sie, obwohl in panischer Angst, spontan auf die Angriffe Meister Pedrillos, und im Augenblick höchster Gefahr findet sie eine Notlüge, um die beiden Kinder zu retten: Sie übergibt ihr Kind zusammen mit dem kleinen Juan Don Fernando: »[...] retten Sie Ihre beiden Kinder [...]!« (64). Als die fanatisierte Menge nicht mehr zu bezähmen ist, opfert sie sich: »[...] hier mordet mich, ihr blutdürstenden Tiger!« (64f.).

In der zweiten Hälfte der Erzählung ist **Don Fernando Ormez** das Gegenbild Jeronimos. Er ist, was Jeronimo nie werden kann: Oberhaupt einer mächtigen Familie, Fürsorger, Beschützer, Verantwortungsträger. Er wäre ein Schwiegersohn, wie Josephes Vater ihn sich gewünscht hätte, ein junger Mann mit allen Vorzügen seines Standes. Da er erst im Piniental in Erscheinung tritt, weiß man nicht, wie er vor dem Beben über Jeronimo und Josephe gedacht hat, ihm

> Don Fernando Ormez

fehlen also mögliche negative Aspekte seines Standes. In der Krise verkörpern sich in ihm die positiven Seiten seiner Erziehung. Seine Bitte an Josephe verlangt ein hohes Maß an Mut und Selbstüberwindung. Nicht nur muss es ihm schwer fallen, eine andere Mutter, zudem eine Angehörige des gehobenen Standes, um Ammendienste zu bitten; er muss auch annehmen, dass Josephe allen, die ihre Verurteilung zugelassen haben, nicht eben wohlgesinnt ist. Mit der Einladung in seine Familie rehabilitiert er sie vor aller Öffentlichkeit. Ganz Ehrenmann und kluger Taktiker ist er in der Gefahr. Als die List, mit der er die Gruppe aus der Kirche zu führen hofft, misslingt, versucht er Jeronimo und Josephe seinem Bekannten, dem Marineoffizier Onoreja, zu übergeben. Er will »eher umkommen, als zugeben, dass seiner Gesellschaft etwas zuleide geschehe« (64). Seine Rettungsversuche fruchten nichts, weil er, auf sein Gewissen angesprochen, nicht lügen kann: Auf Pedrillos Frage »Wer ist der Vater zu diesem Kinde?« (63) schweigt er, denn er könnte nicht anders als mit »Ich bin es« antworten, da Josephe sein Kind auf dem Arm trägt, und würde dann von der Menge für Jeronimo gehalten. Als die Raserei sich zum Blutrausch steigert, kämpft er mit dem entliehenen Schwert den verzweifelten Kampf eines ›göttlichen Helden‹ gegen die Meute.

Aber hinter der vollendeten Erziehung wird immer auch der Mensch sichtbar: Verlegenheit spricht aus der Frage an Josephe, »ob sie diesem armen Wurme […] nicht auf kurze Zeit ihre Brust reichen wolle?« (56), und aus der Entschuldigung, mit der er auf ihre Verwirrung reagiert. Von ihrem Benehmen ist er so angetan, dass er sie auf dem Gang in die Stadt seiner Schwägerin vorzieht. Auf Donna Elisabeths Warnung reagiert er mit mühsam beherrschtem Zorn.

Hält er ihre Befürchtungen für lächerlich, oder gilt ihm der Wunsch Josephes über alles? Er hat Angst, als er für Jeronimo gehalten wird, und sucht mit schüchternem Blick bei diesem, dann bei den Umstehenden nach Hilfe. Am Schluss verfällt auch er dem Blutrausch. Am Abend aber, als alles vorbei ist, bleibt er bei Don Alonzo, nicht nur wegen seines toten Kindes, sondern auch aus schlechtem Gewissen, denn er »säumte lange, unter falschen Vorspiegelungen, seine Gemahlin von dem ganzen Umfang des Unglücks zu unterrichten; […] und dann, weil er auch nicht wusste, wie sie sein Verhalten […] beurteilen würde« (65).

Unter den Nebengestalten ist **Donna Elisabeth** die wichtigste, eine selbstständig denkende, emanzipierte junge Frau. Sie hat schon die Einladung einer Freundin zur Hinrichtung Josephes nicht angenommen, und als Don Fernando die Gerettete zu ihrer Gruppe bringt, blickt sie oft »mit träumerischem Blicke« (57) auf sie. Sie versteht wohl als Einzige den Fehltritt der jungen Frau, und sie kann ermessen, wozu eine vom Gerechtigkeitswahn besessene Gesellschaft fähig ist. Sie hat Mut, denn ihre heimlichen und doch von allen wahrgenommenen Warnungen vor dem gemeinsamen Kirchgang könnten als Beleidigung Josephes missverstanden werden. Wohl auch weil sie Recht behält, fällt es Don Fernando später schwer zurückzukehren.

> Donna Elisabeth

Donna Elvire, Don Fernandos Gattin, wirkt zunächst farblos. Sie ist »schwer an den Füßen verwundet« (56), aber offenbar auch sonst sehr schwach, da sie ihren Knaben nicht ernähren kann.

> Donna Elvire

Über Josephes Bericht vergießt sie Tränen, sie erfährt wohl zum ersten Mal, wie einschneidend Schuld und Schicksal in das Leben eingreifen und wieviel Kraft es braucht, die Liebe zu den Menschen nicht zu verlieren. Erst am Schluss der Erzählung erwähnt Kleist sie wieder und macht sie mit wenig Strichen zur Hauptperson: Als sie – »durch einen Besuch« (65), nicht durch ihren Gatten – alles von den schrecklichen Vorfällen in der Stadt erfährt, weint sie sich im Stillen aus, dann vergibt sie Don Fernando und nimmt mit ihm den kleinen Philipp an Sohnes statt an. Sie beweist damit dieselbe Kraft und Größe dem Schicksal gegenüber wie Josephe und nimmt als Mutter deren Stelle ein.

Die andern beiden Mitglieder der Familie Ormez, **Donna Constanze** und **Don Pedro** haben Statistenrollen. Don Pedro wird nur einmal erwähnt: Er nickt Josephe freundlich zu und bestätigt damit ihre Rehabilitation. Seine Familie wird so zum Gegenbild für die versagende von Josephe.

> Donna Constanze und Don Pedro

Zu nennen ist noch der Marineoffizier **Don Alonzo Onoreja**. Er identifiziert Don Fernando, leiht ihm seinen Degen und lässt am Schluss die Leichen in sein Haus bringen. Er ist der Ehre verpflichtet wie Don Fernando, so sehr, dass er, den Regeln seiner Erziehung gehorchend, zögert, Josephe vor der Meute zu verleugnen, und gerade dadurch die Gefahr verstärkt. Die Frage, warum dieser Edelmann Don Fernando nicht beisteht, provoziert Kleist selbst, indem er Don Fernando den Freund »für

> Don Alonzo Onoreja

seine Untätigkeit« (65) entschuldigen lässt, aber eine Antwort gibt er nicht.

Den Vertretern der oberen Stände steht das einfache Volk gegenüber, das sich, angestachelt durch die Predigt, in fanatische Raserei hineinsteigert. Auslöser des Gemetzels ist »**der ältesten Chorherren einer**« (61), ein unbedeutender, anonymer Mann, der sich unter dem Einfluss der Macht, die seine Worte auf die Versammelten ausüben, an dem Gemälde des kommenden Strafgerichts berauscht und die Gewalt über sich ebenso verliert wie über seine Gemeinde.

Der Dominikaner

Meister Pedrillo ist die treibende Kraft in dem Aufruhr. Es wäre aber falsch, ihn nur zum rohen Vertreter einer Unterklasse zu machen. Er wird zwar als »Schuhflicker« (62) vorgestellt, ist aber Meister seines Fachs und arbeitet immerhin für so angesehene Familien wie die Asterons. Seine moralischen Prinzipien sind die des geradlinigen, auf Rechtschaffenheit bedachten einfachen Mannes, aber sie führen zur Lynchjustiz: Für seinesgleichen gibt es nur Ja und Nein, Schuld und Unschuld, beides ist klar zu unterscheiden und gilt unbesehen der Herkunft und der sozialen Stellung. Das ist sein Protest gegen die oberen Stände. Er schlägt nicht einfach drein, wie die andern, er hält gewissermaßen Gericht, versucht zu ermitteln, ob die Angeklagten schuldig sind oder nicht. »Wer ist der Vater zu diesem Kinde?« (63), will er von Don Fernando wissen – er nimmt an, dass es sich um Josephes Söhnchen handelt und der junge Mann sich als Jeronimo zu erkennen geben muss.

Meister Pedrillo

3. PERSONEN 23

Mit derselben gefährlichen Geradlinigkeit entscheidet er auch später: Wer auf seine Ehre angesprochen die Wahrheit verschweigt, verrät sich als Lügner und ist also schuldig. Dass Sein und Schein nicht immer auseinander zu halten sind, passt nicht in sein Konzept. Als Josephe sich der Menge zum Opfer vorwirft, überkommt ihn der Blutrausch. Er schlägt Josephe tot und dann, in einem wahren Tötungsorgasmus, zerschmettert er Don Fernandos Kind.

Es bleibt noch der **Mob**, die Masse der vermeintlich Frommen, die aus gefährlicher Dummheit sich erst vom Dominikaner aufhetzen lassen und dann unter ihrem Führer Meister Pedrillo der Massenhysterie und der Lust des Tötens zum Opfer fallen.

> Der Mob

4. Aufbau und Gestaltung

Das Erdbeben in Chili hatte in der ersten Ausgabe 31 Abschnitte, in den *Erzählungen* (vgl. S. 6 und 61) nur deren drei. Die Sembdner-Ausgabe (s. 10. Lektüretipps), auf der auch die bei Reclam beruht, folgt der ursprünglichen Einteilung, andere Ausgaben übernehmen diejenige in den *Erzählungen*.

> Obwohl Kleist *Das Erdbeben in Chili* einfach als Erzählung erscheinen ließ, kann man es unter die deutschen Novellen einreihen, denn ganz nach Goethes prägnanter Definition baut die Handlung sich um »eine sich ereignete unerhörte Begebenheit« auf (Goethe, *Gespräche mit Eckermann*, 29. Januar 1827).

Zur Novelle gehört die straffe Struktur, und Kleist war ein Meister der formalen Gestaltung. Im *Erdbeben in Chili* legt er zwei Gestaltungsprinzipien übereinander: Wenn man in zwei Hälften teilt, den zwei Tagen der Handlung entsprechend, ist es die Geschichte zweier Liebender aus der Katastrophe ins Glück und aus dem Glück wieder in die Katastrophe. Diese Unterteilung entspricht beinahe den Abschnitten von Kleists Buchausgabe: Die erste Hälfte ist dort ein einziger Abschnitt, er umfasst den ersten Tag bis zum Erwachen im Tal (56,6); die zweite Hälfte zerfällt in einen kurzen Abschnitt über die Gemeinschaft im Tal (bis 59,23) und einen langen mit den Ereignissen vom Aufbruch in die Stadt bis zum Schluss.

Zwei- oder Dreiteilung

Andererseits ist die Handlung klar aufgeteilt in drei Blöcke von etwa gleicher Länge: das Erdbeben, die Idylle im Tal und der folgende

Gewichtung der drei Teile nach ...

Seite/Zeile	Dreiteilung	Die Hauptpersonen	Zweiteilung
49,2–55,8	**St. Jago/ Das Beben**	**Jeronimos und Josephes »Familie«**	1. Tag
49,2–49,8	Unmittelbar vor dem Erdbeben	Jeronimo	
49,8–50,24	Rückblende: Vorgeschichte	Jeronimo	
50,25–53,27	Jeronimos Flucht	Jeronimo	
53,14–53,27	**Das Wiederfinden im Tal**	**Jeronimo und Josephe**	
53,28–55,8	Rückblende: Josephes Flucht	Josephe	
55,9–61,10	**Die Idylle im Tal**		
55,9–56,6	Die Nacht im Tal, abseits	Jeronimo und Josephe	
56,7–58,36	Morgens bei der Familie Ormez	Josephe, die Familie Ormez	2. Tag
58,37–59,23	Josephe und Jeronimo abseits	Jeronimo und Josephe	
59,24–61,10	**Der Aufbruch in die Stadt**	**Josephe, Don Fernando**	
61,11–66,5	**St. Jago/ Das Massaker**		
61,11–62,8	Die Kirchenfeier	Der Dominikaner	
62,9–64,9	Der Aufruhr in der Kirche	Die Menge, Pedrillo	
64,10–65,19	Das Massaker vor der Kirche	Josephe, Pedrillo, Don Fernando	
65,20–66,5	Ausblick	Don Fernando, Donna Elvire	
		Die Familie Ormez	

Tag in der Stadt. Da der erste und der dritte Block zusammen etwa doppelt so lang sind wie der mittlere, wiegen sie doppelt so schwer: Sie enthalten die Hauptaussage.

Drei Möglichkeiten bieten sich an, diese Dreiteilung zu interpretieren: nach **Ort**, **Zeit** und **Handlung**. Wenn man nach den Schauplätzen gliedert, ist das Thema die **Stadt**. Den drei Teilen **Stadt – Tal – Stadt** ist zuzuordnen: **das Erdbeben – das ›Tal Eden‹ – das Massaker**. Die Stadt, Lebensgrundlage für eine Vielzahl von Menschen, beruhend auf einem verschachtelten System sozialer, politischer, moralischer Ordnung, ist Kulisse für den Hauptstrang der Handlung. Abseits liegt das Tal, unbewohnt, aber Lebensraum und Schutz bietend. Die Stadt wird bis auf den Grund zerstört. Das Tal erscheint nun wie ein Paradies, es erlaubt das Überleben in einer wunderbaren, natürlichen Ordnung. Die Stadt erweist sich aber als stärker. Nach der Naturkatastrophe bricht dort die menschengemachte Katastrophe über die Bewohner herein, und sie ist ungeheuerlicher als die der Natur, Menschen werden zur Un-Natur.

> ... Ort

Wenn man die Zeit zur Grundlage macht, stützt man sich auf die Abfolge **Tag – Nacht – Tag**. Thema ist dann die Tagwelt: die sichtbare Realität des menschlichen Alltags. Sie bedeutet Zerstörung und Tod. Am Tag fällt die Stadt in Trümmer – Kleist hat die historisch überlieferte Zeit geändert –, im Alltag ist Josephes und Jeronimos Liebe Sünde, tötet sie schließlich. Die Nacht ist Friede und Leben. In der romantischen Dichtung, der auch Kleist verbunden war, ist die Nacht oft Bild für das Wunderbare. Ein Wunder der Menschlichkeit erleben die Liebenden für kurze Zeit. Sobald der neue Tag anbricht, kündigt sich das Unglück an,

> ... Zeit

4. AUFBAU UND GESTALTUNG

obwohl die friedliche Gemeinschaft – mit der Ausnahme Donna Elisabeths – noch nichts davon ahnt.

Die dritte Art der Gewichtung, nach der Handlung, zeigt, wie kunstvoll Kleist das Geschehen in die drei Blöcke eingeordnet hat. Den ersten Block – **das Erdbeben** – macht er zur Geschichte Jeronimos, indem er die Handlung mit Blick auf Jeronimo sich entwickeln lässt. Der mittlere Block – **das paradiesische Glück** – schildert eine durch reine Menschlichkeit verbundene Gemeinschaft. Im Tal ist Josephe Mittelpunkt des Geschehens. Der dritte Block – **das Massaker** – führt zurück in die Alltagswirklichkeit. Jetzt konzentriert sich der Blick auf Don Fernando und Josephe. Sie ist, da sie auch Don Fernandos Kind ernährt, gewissermaßen die Mutter beider Kinder. In der Stadt steht sie unter Don Fernandos Schutz. Nach ihrem Opfertod bleibt ihr Kind als das Kind Don Fernandos und Donna Elvires am Leben. So vollzieht sich bildlich eine Metamorphose der Familien: Jeronimos und Josephes sich über alle Schranken hinwegsetzende Verbindung ist in der Realität St. Jagos nicht überlebensfähig. Ihr Kind wächst in einer Familie auf, die dem gesellschaftlichen Hintergrund seiner Mutter entspricht. Seine neuen Eltern haben die Voraussetzungen, die ihm eine glückliche Zukunft verschaffen können.

> ... Handlung

> Die »Metamorphose« der Familien

Wenn man die Erzählung als Geschichte einer tragischen Liebe betrachtet – das entspricht dem Titel der Erstausgabe –, teilt sie sich in zwei Hälften. Ihr Spannungsbogen verläuft dann wie in der dramatischen Dichtung: Er entsteht aus der vermeintlich hoffnungslosen

> Die Spannungsbogen

Situation der Liebenden, steigert sich im Mittelteil auf das Glück des Wiederfindens hin und fällt hinab ins tragische Ende.

Wenn man die Erzählung – wie der Titel der Buchausgabe es sagt – als Geschichte der Zerstörung betrachtet, hat sie drei Teile. Der Spannungsbogen steigt aus dem ersten Satz auf und erreicht in der Katastrophe des Erdbebens einen ersten Höhepunkt. Das Glück im Tal bringt nicht Entspannung, sondern bleibt Episode, eine Atempause im Fortschreiten des Verhängnisses. Das Zerstörungswerk der Natur steigert sich zum Zerstörungswerk der Menschen. Die Spannung explodiert in dem schrecklichen Gemetzel. Der letzte Abschnitt lässt offen, was aus der Katastrophe entstehen wird.

Kleist erzählt seine Geschichte nicht in chronologischer Reihenfolge. Nach dem ersten Satz, der bis zu dem zentralen Ereignis hinführt, fasst eine Rückblende die vorausgehenden Ereignisse zusammen. Sie ist weniger als halb so lang wie der darauf folgende, den Inhalt des ersten Satzes weiterführende Bericht über Jeronimos Flucht, umfasst aber die Zeit eines ganzen Jahres, während das Beben und Jeronimos Flucht wenige Stunden dauern. Der Kontrast zwischen Kürze bzw. Länge der Erzählzeit und der erzählten Zeit verstärkt die dramatische Spannung. Im Gegensatz zu den Riesenschritten, mit denen man sich durch ein ganzes Jahr bewegt, wirkt Jeronimos Flucht wie eine Zeitlupenaufnahme.

> Chronologie

Mit der nächsten Rückblende, Josephes Bericht von ihrer Rettung, beginnt der Aufenthalt im Tal: ein Kunstgriff, mit dem Kleist den ersten mit dem Mittelteil verknüpft und zugleich das Gewicht von Jeronimo auf Josephe verlagert: Von nun an geht das Geschehen von ihr aus.

4. AUFBAU UND GESTALTUNG

Zwei weitere Rückblenden fügt Kleist im Mittelteil ein, kurze und summarische Abschnitte über Berichte aus der Stadt, über das ausbrechende Chaos der eine, über Taten des Muts der andere. Sie enthalten unterschwellig die Warnung vor zuviel Vertrauen in das Gute im Menschen; aber diese wird nur von Donna Elisabeth verstanden.

Im letzten Teil unterbricht Kleist die Chronologie nicht mehr. Hier folgen die Ereignisse Schlag auf Schlag. Die inbrünstige Frömmigkeit in der erleuchteten und mit Orgelklängen erfüllten Kirche geht über in eine ebenso inbrünstige Opfer-Orgie. Dann bleibt nur Ungewissheit. Der etwa fünfzehn Zeilen lange Ausblick auf die Zukunft – er wird nicht einmal als Abschnitt abgetrennt – lässt mehr Fragen offen, als er beantwortet.

5. Wort- und Sacherläuterungen

49,2 **In St. Jago, der Hauptstadt des Königreichs Chili:** Ältere Schreibweise des heutigen Santiago de Chile. Chile, im Westen Südamerikas, war bis 1818 spanische Kolonie und gehörte zur Zeit des Erdbebens zum Vizekönigreich Peru.

49,8 **sich erhenken:** sich erhängen.
Don: spanischer Titel für Angehörige gehobenen Standes, wird vor dem Vornamen gebraucht; weibliche Form *Doña*. Kleist übernimmt die verdeutschte Schreibweise *Donna*.

49,12 **zärtlichen Einverständnis:** Gemeint ist: heimliche Verlobung.

49,13 **geheime Bestellung:** heimliche Verabredung.

49,16f. **Karmeliterkloster:** Der Karmeliterorden, 1209 auf dem Berg Karmel in Israel gegründet, war einer der größten mittelalterlichen Bettelorden. Der weibliche Zweig, die Karmelitinnen, entstand im 15. Jh. Der Orden war weltweit tätig; zu seinen Hauptanliegen gehörten die Seelsorge und die Marienverehrung.

49,22f. **Fronleichnamsfeste:** Fronleichnam, von mhd. *vrôn* (Herr, heilig) und *lîchnam* (lebendiger Leib), also »der Leib des Herrn«, ist einer der höchsten Feiertage der katholischen Kirche. Er wird am zweiten Donnerstag nach Pfingsten zur Verherrlichung des Altarsakraments, der Leibwerdung Christi in der Hostie, – heute besonders in ländlichen und der Tradition verhafteten Gegenden – mit feierlichen Prozessionen begangen. 1647 war Fronleichnam am 20. Juni.

49,24 **Novizen:** Menschen, die sich für das Klosterleben

5. WORT- UND SACHERLÄUTERUNGEN

entschlossen haben, während ihrer Probezeit. Nach Ablegung des Gelübdes sind sie als Nonnen bzw. Mönche in ihren Orden aufgenommen.

49,25 **Anklange:** beim ersten Glockenklang.

49,29 f. **aus den Wochen erstanden:** Gemeint ist das Wochenbett oder Kindbett, d. h. die Schonungszeit der jungen Mutter.

50,3 **klösterliche Gesetz:** Josephe hat als angehende Nonne gegen das Keuschheitsgebot verstoßen.

50,5 **Feuertod:** Von einem geistlichen Gericht verhängte Strafe für schwerste Vergehen gegen Kirche und Glauben. Berühmt-berüchtigt für öffentliche Verbrennungen, sogenannte Autodafés, die zum Volksspektakel wurden, war die spanische Inquisition.

50,6 **Matronen:** angesehene verheiratete oder verwitwete Frauen; im Gegensatz dazu die unverheirateten Jungfrauen, hier ironisch die »frommen Töchter der Stadt« (49,11) genannt.

50,7 **Vizekönigs:** eigentlich Statthalter; dieser wurde häufig als Vizekönig (Stellvertreter des Königs) bezeichnet.

50,18 **Fittig:** Fittich, Flügel.

50,23 **Inbrunst:** ein seelisch und körperlich erlebtes Gefühl religiöser Ergriffenheit.

50,34 **an dem Gesimse derselben:** am oberen Rand des Pfeilers. Statt *derselben* müsste *desselben* stehen, da das Pronomen sich auf »Wandpfeiler« bezieht.

51,24 f. **Mapochofluss:** Der Rio Mapocho fließt durch Santiago.

53,23 **Ahndung:** ältere Schreibweise für *Ahnung*.

53,34 **hülfloser:** ältere Schreibweise für *hilfloser*.

54,37 **Scheidewege:** Kreuzung, Weggabelung.

55,8 **Eden:** im Alten Testament das Paradies. »Und Gott

der Herr pflanzte einen Garten in Eden gegen Osten hin und setzte den Menschen hinein, den er gemacht hatte. Und Gott der Herr ließ aufwachsen aus der Erde allerlei Bäume, verlockend anzusehen und gut zu essen, und den Baum des Lebens mitten im Garten und den Baum der Erkenntnis des Guten und Bösen« (1. Mose 2,8 f.).

55,25 **Granatapfelbaum:** Scharlachrot blühender Baum, wohl aus Vorderasien stammend. Altes Symbol der Fruchtbarkeit. Die apfelförmige Frucht mit lederiger Rinde birgt zahlreiche von einem Saftmantel umhüllte Samen. Der Saft ist bei uns als Grenadine bekannt.

55,33 **schwatzen:** hier: lebhaft und aufgeregt erzählen.

56,1 **La Conception:** Concepción, Provinz und Stadt in Mittelchile. Der Name ist äußerst verbreitet und dürfte von Kleist wegen seines Bekanntheitsgrads und seiner Bedeutung (die Empfängnis) gewählt worden sein.

56,14 **beschädigt:** verletzt.

56,23 **mitzuteilen:** mit andern zu teilen.

56,36 **abgehärmten:** entkräfteten.

58,1 **Wollust:** das ganze Wesen ergreifendes Glücksgefühl.

58,14 f. **Tagelöhner:** Gelegenheitsarbeiter.

58,27 f. **dem nichtswürdigsten Gute gleich:** wie ein Wegwerfartikel.

59,8 **Fußfall:** Kniefall, Zeichen der Demut und der Unterwerfung.

59,20 **Maßregel:** Vorsichtsmaßnahme.

59,28 **Dominikanerkirche:** Kirche eines Dominikanerklosters. Der Dominikanerorden, ein Predigerorden, wurde 1215 vom hl. Dominikus gegründet.

59,29 **Prälaten:** Prälat: katholischer geistlicher Würdenträger.

61,20 **Rose:** Fensterrose; ein großes Rundfenster über dem

5. WORT- UND SACHERLÄUTERUNGEN 33

Westportal einer Kirche, auch an den Stirnseiten der Querschiffe.

61,25 **gen:** Kurzform von *gegen*.

61,30 **Chorherren:** Kanoniker; Mitglieder eines Dom- oder Stiftskapitels.

61,36 **Weltgericht:** das Jüngste Gericht; vgl. die Offenbarung des Johannes, 20,12: »Und ein andres Buch ward aufgetan, welches ist das Buch des Lebens. Und die Toten wurden gerichtet nach dem, was geschrieben steht in den Büchern, nach ihren Werken.«

62,5 **Sodom und Gomorrha:** Im Alten Testament (1. Mose 19) Städte, die wegen ihrer Verkommenheit von Gott durch einen Regen aus Feuer und Schwefel zerstört wurden. Sie werden dort an mehreren Stellen sowie im Evangelium des Lukas als Warnung vor der Strafe Gottes für einen unsittlichen Lebenswandel zitiert.

62,26 **Bürger:** Der sehr europäische Begriff macht deutlich, dass Kleist die Erzählung auf seine Gegenwart bezog und dass ihm das historische Santiago als Kulisse diente. Dass die »Bürger« von Santiago zur blindwütigen, fanatisierten Rotte werden, spielt möglicherweise auf die Revolten der »citoyens« während der Französischen Revolution an. Da kurz vorher Taten von »Römergröße« (57,24) genannt werden, könnte im ganzen letzten Teil auch eine Reminiszenz von Shakespeares *Julius Cäsar* mitspielen, wo Antonius' berühmte Rede an die »Mitbürger, Freunde, Römer« den Hass gegen Cäsars Partei so schürt, dass die Meute den harmlosen Dichter Cinna umbringt.

62,29f. **heiliger Ruchlosigkeit voll:** sarkastisch-ironische Verbindung gegensätzlicher Begriffe. Als ›heilig‹ oder gottgeweiht empfinden die Rasenden den Vollzug ihrer Rache, so wie man von einem ›heiligen Krieg‹ spricht;

Ruchlosigkeit dagegen bezeichnet die Verworfenheit ihres Handelns und ist Urteil des Erzählers. Kleist kombiniert auf diese Weise die personale mit der auktorialen Perspektive.

62,34 **des Kommandanten:** des militärischen Befehlshabers.

63,18 **steinigt sie!:** Kleist Wortwahl erinnert an die Frage der Schriftgelehrten und Pharisäer an Jesu, ob er Moses' Gesetz, dass eine Ehebrecherin zu steinigen sei, für richtig halte, und seine Antwort: »Wer unter euch ohne Sünde ist, der werfe den ersten Stein auf sie« (Joh. 8,7). Ähnlich wie »heilige Ruchlosigkeit« drückt Kleists Formulierung zugleich den blinden religiösen Eifer der Fanatisierten aus und dessen Verurteilung durch den Autor.

64,24 f. **Klostermetze:** Metze: Hure.

65,4 **besprützt:** ältere Schreibweise von *bespritzt*.
Bastard: uneheliches Kind aus nicht standesgemäßer Verbindung.

65,9 f. **wetterstrahlte:** Kleist macht aus dem Substantiv Wetterstrahl (Blitz) ein Verb: Don Fernandos Hiebe wirken wie ein Blitzschlag.

6. Interpretation

Der Stoff

Am 13. Mai 1647, nachts um halb elf, wurde Santiago de Chile durch ein Erdbeben in wenigen Minuten dem Erdboden gleichgemacht. Auch Kirchen und Klöster lagen in Trümmern, nur von der Kathedrale blieben Teile erhalten.

Der historische Hintergrund

Der Bischof versuchte am nächsten Tag den Verzweifelten Mut zu machen. Solche Katastrophen seien nicht als Strafe Gottes, sondern viel eher als Prüfung zu verstehen. So wurde es 1656 in dem Bericht des Bischofs von Santiago und in vielen späteren Berichten überliefert. Kleist muss diese historischen Fakten gekannt haben.[2] Umso auffallender ist es, dass in seiner Erzählung außer Ort und Jahr kaum etwas mit der Überlieferung übereinstimmt. Kleist macht Fronleichnam zum wichtigsten Datum, das Erdbeben ereignet sich sechs Wochen danach, also Anfang August. Die Kathedrale wird zerstört; der Erzbischof – richtig wäre ›Bischof‹ – ist tot; die Predigt hält ein alter Dominikaner, der die Gläubigen keineswegs beruhigt.

Nicht nur die Fakten, auch die Szenerie hat Kleist seinen Bedürfnissen angepasst: Eine Liebesnacht im Klostergarten mag ja im milden, aber regnerischen Winter von Santiago noch glaubhaft sein. Aber die Landschaft, in der er die Flüchtlinge zur Ruhe kommen lässt, ist wenig realistisch. Das Pinienthal mit den Granatapfelbäumen und der singenden Nachtigall kann nicht weit von dem Eichenwald entfernt sein, in dem Jeronimo zuerst Zuflucht findet. Eine solche Konstellation

Die Szenerie

hat mit der chilenischen – und auch mit der europäischen – Realität weniger zu tun als mit Gemälden, die Kleist in den großen Kunstgalerien gesehen hat. Die historische und geographische Einkleidung ist also nur Mittel zum Zweck. Sie hüllt den Stoff in eine mehr metaphorische als realistische Exotik.

Zur Erzählung veranlasst wurde Kleist auch kaum durch Berichte über Santiago, sondern durch die alle Gemüter bewegende Frage nach dem schrecklichen Erdbeben von Lissabon 1755, ob sich in solchen Katastrophen eine göttliche Absicht offenbare. Voltaire protestierte dagegen, alles, auch das Unglück, als ein Zeichen göttlicher Weisheit zu verstehen; ihm hielt Rousseau entgegen, dass alles, was durch die Natur geschehe, weder gut noch böse, weder gerecht noch ungerecht genannt werden könne, dass vielmehr die Menschen selbst an ihrem Unglück schuld seien. Auch Kant wies die Schuld den Menschen zu. Er hatte aber Verständnis für die Erklärungsversuche, denn »alles, was die Einbildungskraft sich Schreckliches vorstellen kann, muß man zusammen nehmen, um das Entsetzen sich einigermaßen vorzubilden, darin sich die Menschen befinden müssen, wenn die Erde unter ihren Füßen bewegt wird, wenn alles um sie her einstürzt [...], wenn die Furcht des Todes, die Verzweifelung wegen des völligen Verlusts aller Güter, endlich der Anblick anderer Elenden den standhaftesten Muth niederschlagen. [...] Allein ich überlasse diese Geschichte geschickteren Händen.«[3] Diese Sätze sind verschiedentlich als direkte Anregung für Kleist verstanden worden.

> Das Erdbeben von Lissabon

›Erdbeben‹: Motiv und Thema

Zwei Kräfte bestimmen in Kleists Erzählung das Leben der Menschen: die Natur und die Gesellschaft. Die Natur ist die Umwelt, in der sich alles Leben abspielt, aber sie regelt auch Werden und Vergehen und wirkt als lebendige Kraft in den Gefühlen und Trieben der Menschen. Die Gesellschaft organisiert sich nach sozialen und ethischen Grundsätzen und wird durch die Unterscheidung von Recht und Unrecht, Gut und Böse zusammengehalten. St. Jagos soziale Ordnung beruht auf strengen Standesunterschieden. Die Kirche, als Mittlerin zwischen der göttlichen Allmacht und den Menschen, wacht über die Einhaltung der sittlichen Ordnung. ›Erdbeben‹ ist in Kleists Erzählung in doppeltem Sinn zu verstehen: Die Natur zerstört die materielle Lebensgrundlage einer ganzen Stadt. In derselben Stadt sind aber auch die soziale und die sittliche Ordnung erschüttert, weil zwei junge Menschen sich über sie hinweggesetzt haben.

›Erdbeben‹ in der Natur und in der Gesellschaft

Solange Josephes und Jeronimos Liebe nur gegen die sozialen Regeln verstößt, ist das relativ harmlos, denn die Trennung der beiden stellt die Ordnung wieder her. Als aber Josephe, die Novizin, auf den Stufen der Kathedrale ein Kind gebärt, das sie im Klostergarten empfangen hat, wird ihre Liebe zum Verbrechen. Die Kirche muss, wenn sie ihre Autorität nicht aufs Spiel setzen will, den Frevel kompromisslos bestrafen. Nur Josephes Hinrichtung kann die gestörte sittliche Ordnung wieder herstellen. Genau das wird aber durch das Erdbeben verhindert.

Das zentrale Thema in Kleists Werken ist die Katastrophe. Ihn faszinierte die Frage: Was geschieht, wenn das

> **Zentrales Motiv: die Katastrophe**

Gefüge der natürlichen wie der menschengemachten Ordnung zusammenbricht? In seiner Erzählung versucht er Antworten zu finden.

Wenn die Natur zur Bedrohung wird, reagiert zunächst der Selbsterhaltungstrieb. Im einstürzenden St. Jago kümmert sich niemand um die bevorstehende Hinrichtung, alles ist instinktiv mit der Rettung des eigenen Lebens beschäftigt. Darum entkommen Josephe und Jeronimo ungehindert aus der Stadt. Sobald die Panik sich gelegt hat, setzen die Menschen die Zerstörung fort; Anarchie bricht aus, Willkür und Sittenlosigkeit brechen sich Bahn.

> **Das Verhalten der Menschen in der Katastrophe**

Wenn Menschen von einer Katastrophe getroffen werden, bewegt sie die eine Frage: Warum ist das geschehen? In St. Jago ist man sich einig, dass Gott gesprochen hat und dass die Antwort im Zusammentreffen des Erdbebens mit Jeronimos und Josephes Tat zu finden ist, nur wird das nicht von allen gleich interpretiert. Für Josephe und Jeronimo ist klar: Gott hat sie gerettet; sie können kaum fassen, »wie viel Elend über die Welt kommen musste, damit sie glücklich würden« (55). Ganz anders sieht es die Kirche. Der Dominikaner malt ein Bild des Schreckens: Gott hat eine Warnung geschickt. Der Geistliche beschwört den drohenden Untergang herauf, als sei er selbst der Weltenrichter. Im Banne seiner Predigt ballt sich in den Gläubigen die Angst zum Zorn auf diejenigen, die ihnen als die Hauptschuldigen genannt werden, und es braucht nur noch den Funken eines Zwischenrufs, um die Raserei auszulösen. Blutrausch ergreift sie, bis sie im Namen Gottes alles umbringen, was sich ihnen entgegenstellt.

> **Die Suche nach dem Grund**

6. INTERPRETATION

Das Gegenbild zu diesem Fanal ist das abgelegene Tal. Wo die Natur sich als ein Hort des Friedens erweist, gelten in einem nie gekannten Maß die Gebote der Mitmenschlichkeit. Jetzt, wo alle alles verloren haben, sind die Standesunterschiede aufgehoben und die alten Unterscheidungen von Schuld und Unschuld sind vergessen. »Fürsten und Bettler, Matronen und Bäuerinnen, Staatsbeamte und Tagelöhner, Klosterherren und Klosterfrauen« (58) bilden zusammen eine einzige Gemeinschaft, in der auch Jeronimo und Josephe aufgehoben sind. In dieser Welt des Friedens ist die Unterscheidung von Gut und Böse müßig, weil es nur die reine Menschlichkeit gibt.

> Der ›Garten Eden‹, das utopische Paradies

Kleists Rousseau-Lektüre macht sich hier bemerkbar. Denn diese Idylle fern von der Stadt hat mehr mit Dichtung als mit der Wirklichkeit zu tun. Das Glück der Liebenden erfüllt die Mondnacht mit einer Schönheit, »wie nur ein Dichter davon träumen mag« (55). Unter einem Granatapfelbaum, bei den Klängen einer Nachtigall ruhen Josephe und Jeronimo mit ihrem Kind. Es ist ein utopisches Paradies, die ideale Menschengemeinschaft in einer idealen Umwelt: »In der Tat schien […] der menschliche Geist selbst, wie eine schöne Blume, aufzugehn« (58). Es ist Kleists Traum von einer Zeit, in der die Menschen sich eine sittliche Weltordnung erschaffen, die in sich so vollkommen ist wie die natürliche, die sie verloren haben. Dass Kleist diesen Traum ins Reich der Dichtung und des schönen Scheins verweist, macht deutlich, dass er an eine Verwirklichung nicht zu glauben wagte.

Die Absurdität des Zufalls

Alle Versuche, in der Katastrophe eine Absicht Gottes zu entdecken, müssen fehlschlagen: Kleist widerlegt alle möglichen Antworten, sobald er sie angedeutet hat. Ob Gott den Liebenden helfen, ob er Sünder bestrafen will, ob er ein schreckliches Warnzeichen setzt, keine Erklärung macht einen Sinn. Allzu viele Widersprüche bleiben ungelöst. Warum wird die Äbtissin von einem einstürzenden Giebel erschlagen, wo sie doch für Josephe einsteht und ihr Kind retten will? Warum sterben mit ihr viele unbeteiligte Nonnen? Warum vor allem sollte Gott Jeronimo und Josephe am Schluss umkommen lassen, wenn er erst ein Erdbeben schickt, um sie zu retten? Derjenige Gott, den die Menschen zum Maß aller Dinge machen, ist eine Menschenschöpfung; sie übertragen ihre Wünsche, Ängste, Hoffnungen auf ihn. Darum erleben Josephe und Jeronimo ihn als den helfenden, die Geretteten im Tal danken ihm als dem gnädigen, die Kirche zeichnet ihn als den rächenden, die fanatisierte Menge fürchtet ihn als den strafenden Gott.

> *Die Unmöglichkeit, eine Erklärung zu finden*

▎ Die Natur aber verweigert sich aller Erklärung. Wenn sie in das Leben eingreift, erscheint das als Zufall und der entzieht sich aller Wertung. Die Absurdität des Zufalls ist eines von Kleists
▎ Hauptthemen. »Durch einen glücklichen Zufall« (49) kann Jeronimo die Verbindung mit Josephe wieder aufnehmen. Mit einem Strick, »den ihm der Zufall gelassen« (50), will er sich umbringen, zufällig verhindert das Erdbeben seinen und Josephes Tod, und zufällig finden sie einander in dem abgelegenen Tal. Zufällig stürzt der Giebel über der

> *Der Zufall*

6. INTERPRETATION

Äbtissin ein, gerade als sie nach Hilfe für Josephes Kind ruft. Aus lauter Zufällen und Missverständnissen baut sich am Ende auch die Katastrophe auf. Am Schluss erfährt sogar Donna Elvire nur zufällig die ganze Wahrheit des Geschehenen. Es ist unnütz, nach einem übergeordneten Willen zu suchen.

Der Mensch hat sich aus seiner natürlichen Eingebundenheit in die Schöpfung gelöst und seine eigene Ordnung an ihre Stelle gesetzt. Wie fragwürdig die daraus gewonnene Sicherheit ist, offenbart sich in der Katastrophe. Die Menschen in der Kirche glauben bis zum Schluss, dass sie über das Böse richten, damit das Gute bewahrt werde. Wie weit sie sich von der Natur entfernt haben, wird an Jeronimos Tod deutlich: Sein eigener Vater erschlägt ihn, nicht zufällig, sondern in voller Absicht: »eine Stimme aus dem rasenden Haufen [...] rief: dies ist Jeronimo Rugera, ihr Bürger, denn ich bin sein eigner Vater! und ihn [...] mit einem ungeheuren Keulenschlage zu Boden streckte« (64).

Der einzige Halt: die Liebe

So paradox es klingen mag, wenn man an das Inferno am Schluss der Erzählung denkt: Kleists Botschaft ist die Liebe – zum Menschen, zum Leben; er gibt ihr Gestalt in Josephe. Schritt für Schritt evoziert er, dass sie, die zum Tode verurteilte Sünderin, eine Auserwählte ist. Ihr Kind wird im Kloster, Hort der Jungfräulichkeit und der reinen Gottesliebe, empfangen und an Fronleichnam auf den Stufen der Kathedrale geboren, auf dem Weg vom öffentlichen Platz zum Heiligtum.

Der einzige Halt: die Liebe. Josephe als deren Verkörperung

Was die Kirche als Todsünde ahndet, wird bei Kleist zum Zeichen des Heils. In Josephes Kind vollzieht sich Fronleichnam, die Einheit des Irdischen mit dem Göttlichen, allerdings in einem der kirchlichen Lehre entgegengesetzten Sinn: Nicht der Gott der Kirche offenbart sich durch sie, sondern das Wunder der wahren Menschlichkeit. Schon auf ihrer Flucht, dann im Tal der Pinien erscheint sie als Inbegriff selbstloser Güte. Engel scheinen sie zu begleiten, und als Jeronimo sie findet, ist ihm, als sehe er Maria mit dem Jesusknaben. Im Glück ihres Wiederfindens sind sie wie ein Abbild der Heiligen Familie. Der Granatapfelbaum voller Früchte – ein altes Symbol der erotischen Liebe und der Fruchtbarkeit –, in dessen Krone die Nachtigall »ihr wollüstiges Lied« (55) singt, versinnbildlicht die Intensität ihres wiedergefundenen Glücks. Dass der Granatapfelbaum im Mittelalter zum Symbol mit Bezug auf Maria und Christus umgedeutet wurde, unterstreicht nur, dass Kleist auch dieses in entgegengesetztem Sinn versteht: Jeronimo und Josephe erfahren das Paradies auf Erden im Mysterium der irdischen Liebe. Das Bild hat aber in der antiken Überlieferung auch einen düsteren Unterton: Persephone muss bei Hades, dem Gott der Unterwelt, bleiben, weil sie einen Granatapfel gegessen hat. Auch Jeronimos und Josephes Paradies wird auf Erden keinen Bestand haben.

Kleist macht kein Hehl daraus, dass er Anklage erhebt gegen die katholische Kirche, die er als Beispiel nimmt für religiösen Eifer, die schlimmste Art von Fanatismus, weil er sich gleichsetzt mit dem Willen der göttlichen Allmacht. Kleists Anspielungen auf Bibelstellen und seine Umdeutungen der kirchlichen Lehre sind darauf angelegt, die Gottferne der Gläubigen von St. Jago zu demon-

Die Gefahr des religiösen Fanatismus

6. INTERPRETATION

strieren. Die zerstörte Stadt ist das Abbild der in ihr herrschenden Gottlosigkeit. Die brennenden Häuser, die Fluten des über die Ufer getretenen Flusses, die rötlichen Dämpfe des Sees, unter dem Josephes Vaterhaus begraben liegt, die Berichte von wütenden Horden und von in aller Öffentlichkeit gebärenden Weibern erwecken den Eindruck eines höllischen, apokalyptischen Babylon. Die Prozession, der Hinrichtungszug und das Massaker am Schluss bilden eine Einheit: Die unterbrochene Fronleichnamsfeier wird zur Opferprozession; zu Ende geführt wird sie im Ausbruch des religiösen Wahns nach dem – ebenfalls unterbrochenen – Dankgottesdienst. Die Frommen, die sich an Fronleichnam über den Skandal entsetzen, die Gerechten, denen die Hinrichtung zum Volksfest wird, sie sind auch die Masse, die in einer Mord-Orgie die Hinrichtung vollzieht. Das Fegefeuer, die Hölle, die sie Sündern wie Josephe und Jeronimo androhen – sie stecken mitten drin und merken es nicht.

›Heiligkeit‹ wäre, wenn die Selbstgerechten Augen hätten, bei Josephe zu finden: Sie lebt die selbstlose Liebe, von der die inquisitorische Glaubensstrenge nichts mehr weiß. Am Schluss opfert sie sich für die Lebenden, wie Christus sich geopfert hat.

Zu Kleists Weltbild

Kleists Hoffnung beruht auf der Liebe, sein Weltbild aber ist düster. Die Zeichen sprechen nicht dafür, dass der wahre menschliche Geist das Böse je besiegen wird. Als Meister Pedrillo Don Fernandos Kind zerschmettert, »ward es still, und alles

Kleists illusionsloses Welt- und Menschenbild

entfernte sich« (65). Da ist kein Entsetzen, keine Anklage, keine Reue, nur Verlegenheit. Man zieht sich in die Anonymität zurück, weiß nicht, wie alles so hat kommen können und wird wohl lieber nicht mehr davon sprechen. Der Marineoffizier entschuldigt sich für seine »Untätigkeit, obschon durch mehrere Umstände gerechtfertigt« (65), es ist unklar, was für Umstände er meint. Don Fernando antwortet kurz und förmlich, und bittet um Hilfe beim Fortschaffen der Leichen. Dann bleibt er allein in seinem Schmerz. Auch Donna Elvire weint sich allein aus. Nach kurzer Zeit, bereits in einiger Distanz zur Katastrophe, nehmen sie »den kleinen Fremdling zum Pflegesohn an« (66), anerkennen das Unabdingbare. Ob »der kleine Fremdling« einmal wirklich ihr Sohn sein oder bloß Zeugnis ihres Mitleids bleiben wird, ob er ihre Liebe lohnen wird, lässt Kleist offen; vielleicht entsteht mit ihm, dessen Geburt wie ein Gottesgeschenk war, eine neue Hoffnung, wenigstens für diese Familie. Kleist möchte den Glauben daran nicht zerstören, aber er wagt keine Prognose. »[…] und wenn Don Fernando Philippen mit Juan verglich, und wie er beide erworben hatte, so war es ihm fast, als müsst er sich freuen« (66).

Mit seinem »fast« und der Hypothese des ›als ob‹ lässt er den Leser mit der offenen Frage allein.

Die Wahrscheinlichkeit ist groß, dass die alte Ordnung sich in der Stadt wieder etabliert. In seinen späten Werken macht Kleist kein Hehl daraus, dass eine Ordnung der unerbittlichen Gesetze, obwohl sie unmenschlich ist, notwendig sein kann. Hier geht er noch nicht so weit, aber es fällt auf, dass er gerade an den beiden Stellen in die Hypothese ausweicht, wo ein hoffnungsvoller Blick sich auftut: im Tal und am Schluss.

Kleist als Erzähler

Kleists Erzählhaltung ist auktorial. Er gibt sich den Anschein eines objektiven Berichterstatters, dem nichts gilt als die Wahrheit, gerade dort, wo er das Schockierende mitteilt. Aber er dirigiert das Geschehen und manipuliert die Anteilnahme seines Lesepublikums. Er versetzt sich in die Psyche seiner Figuren, um das Unerhörte nachvollziehbar zu machen: Jeronimo ist »starr vor Entsetzen« (51), später ergreift ihn »ein unsägliches Wonnegefühl« (52), dann wünscht seine »jammervolle Seele« (53) wieder den Tod herbei. Wenn die Ereignisse sich überstürzen, wird auch der Erzähler atemlos, seine Sätze sind hastig, geraten unter Umständen sogar aus den Fugen: »Doch da er die Menge, die auf ihn eindrang, nicht überwältigen konnte: leben Sie wohl, Don Fernando mit den Kindern! rief Josephe – und: hier mordet mich, ihr blutdürstenden Tiger! und stürzte sich freiwillig unter sie, um dem Kampf ein Ende zu machen« (64 f.). Er scheut keine Gefühlsseligkeit – »Indessen war die schönste Nacht herabgestiegen, voll wundermilden Duftes« (55) –, gelegentlich macht er sogar einen Fehler: »[...] als er plötzlich an einer Quelle, die die Schlucht bewässerte, ein junges Weib erblickte, beschäftigt ein Kind in seinen Fluten zu reinigen« (53). »Seinen Fluten« würde zu ›Fluss‹ passen, nicht zu »Quelle«; überdies ist die »Schlucht« ja eigentlich ein Tal.

Er verschweigt manches, z. B. was Donna Elisabeth ihrem Schwager beim Aufbruch in die Stadt zuflüsterte – sein Publikum soll es erraten –, und er nimmt sich das Recht heraus, offene Fragen stehen zu lassen. Warum ist Jeronimo noch nicht verurteilt? Ist es möglich, dass er innerhalb weniger Stunden auf einem Hügel außerhalb der

Stadt rastet, zur Stadt zurückkehrt, in einen Eichenwald gelangt, das Feld durchstreift, jeden Berggipfel absucht und endlich das Tal durchquert, wo er Josephe findet?

Man spürt hinter allem Kleists dramatische Begabung. Sein Erzähler ist ein Vortragender – Vorlesen war wichtiger Bestandteil gehobener gesellschaftlicher Unterhaltung –, der die Handlung, die er vor seinem inneren Auge ablaufen sieht, für die Zuhörer dramatisch gestaltet.

Kleists Erzähler: ein Vorleser

Das zeigt sich auch im Satzbau. Kleist ist bekannt als Autor von langen, verschachtelten Sätzen. Wenn man aber die Satzzeichen als Sprechpausen und Intonationsanweisungen versteht, sind sie nicht mehr schwierig, sondern voll dramatischer Spannung. Im letzten Teil verstärkt er die Dramatik durch direkte Rede. Er kennzeichnet diese aber nur selten mit Redezeichen, sondern integriert sie in den Vortrag des Erzählers. In den ersten beiden Teilen, wo der Erzähler aus größerer Distanz zum Geschehen spricht, gebraucht er dagegen weitgehend die indirekte Rede.

Dramatische Elemente

Kleists dramatische Begabung zeigt sich auch im Sinn für szenische Gestaltung. Er löst die Handlung in szenische Bilder auf, auch dort, wo er zusammenfasst oder überleitet. Schon der erste Satz schließt mit einer Momentaufnahme: »[...] stand [...] an einem Pfeiler des Gefängnisses [...] und wollte sich erhenken« (49). Jeronimos Flucht ist eine einzige Szenenfolge: »Er warf sich vor dem Bildnisse der heiligen Mutter Gottes nieder« (50). »Eben stand er [...] an einem Wandpfeiler, und befestigte den Strick« (50). »Kaum befand er sich im Freien, als die ganze, schon erschütterte Straße [...] völlig zusammenfiel« (51). Im Mittelteil dagegen wird die dramatische Bewegung

6. INTERPRETATION

angehalten, hier dominieren zwei ruhende Bilder: erst Josephe und Jeronimo mit ihrem Kind, dann die Familie Ormez. Im letzten Teil kontrastiert das Bild frommer Ergriffenheit in der Kirche mit der darauf folgenden hochdramatischen Tötungsorgie.

Die Bildersprache ist eines von Kleists wichtigsten Stilinstrumenten. Er liebt Vergleiche und Metaphern – »als ob das Firmament einstürzte« (50), »als ob alle Engel des Himmels sie umschirmten« (54), »als ob es das Tal von Eden gewesen wäre« (55), »Sieben Bluthunde lagen tot vor ihm, der Fürst der satanischen Rotte selbst war verwundet« (65) – und erfüllt Dinge und Erscheinungen mit Symbolcharakter: den Granatapfelbaum, das Glockengeläute, das Tal, das Erdbeben, die Stadt.

Bildersprache

Ironie ist ihm ein wichtiges Mittel, seine Botschaft hinüberzubringen. Wenn er Josephe »die junge Sünderin« (49) nennt, wenn er »die frommen Töchter der Stadt« erwähnt, die »dem Schauspiele, das der göttlichen Rache gegeben wurde« (50), beiwohnen wollen, übernimmt er die Perspektive der Städter, um ihre Scheinheiligkeit bloßzustellen. Mit ebenso viel Sarkasmus legt er Jesu Worte zu Satan – »Weiche fern hinweg!« – ausgerechnet einem der Fanatisierten in der Kirche in den Mund. In Don Fernandos Kampf gegen die rasende Menge ironisiert er das Heldenepos: Don Fernando kämpft mit dem Schwert gegen eine keulenbewaffnete Meute, er »wetterstrahlt« seine Angreifer »zu Boden«; er ist der »göttliche Held« (65), furchterregend und großartig, als käme er aus der antiken Mythologie. Kleists kunstvolle Sprache deutet an, dass hier der rohen Gewalt gewissermaßen ein edles Gewand übergezogen ist.

Ironie

6. INTERPRETATION

Ironie entstellt das scheinbar Gute zur grotesken Fratze: Die religiöse Inbrunst ist auch Tötungslust, der Dankgottesdienst endet im Ritualmord, die gelebte Nächstenliebe ist eine Illusion. Bis ins Detail sind die Paradoxien zu finden: Ein Stützpfeiler soll Jeronimos Galgen sein, aber er gibt ihm Halt; Fernandos Kind dagegen wird an einem Pfeiler zerschmettert. Die in der Abendsonne leuchtende Kirchenrose, Sinnbild für den Erlöser Christus, kündigt das Fanal an. Tod ist Leben und Leben ist Tod. Die todbringende Naturkatastrophe rettet die Verurteilten, aber als sie Gott für ihr Leben danken, werden sie von frommen Kirchgängern ermordet. Solche tragische Ironie war Kleists Art, die Frage nach dem Sinn hinter allem offen zu lassen.

7. Autor und Zeit

Kleists Leben und die Entwicklung seiner Persönlichkeit

Kleists Familie, väterlicher- wie mütterlicherseits, entstammte dem preußischen Landadel. Etliche der von Kleists hatten, wohl um der nötigen Zusatzeinkünfte willen, eine Militärlaufbahn eingeschlagen und die Familie zu einem der angesehensten preußischen Offiziersgeschlechter gemacht.

> Herkunft

Als Bernd Heinrich Wilhelm von Kleist am 18. Oktober 1777 in Frankfurt an der Oder geboren wurde, war er der erste Bruder von vier Schwestern, zwei davon aus der ersten Ehe seines Vaters. Nach ihm sollten noch ein Bruder und eine weitere Schwester folgen. Die Kinder sind wohl in einer behüteten, ihre Entwicklung prägenden Atmosphäre aufgewachsen. Die Bedeutung von Disziplin, Ruhm und Ehre dürfte ihnen früh klar geworden sein, aber sie erlebten an ihrem Vater auch kritisches und mutiges Denken der Obrigkeit gegenüber. Die Bewirtschaftung seiner Güter gab ihnen Einblick in das Leben von Bürgern, Bauern und Händlern und die intensiven Kontakte zu jungen intellektuellen Zirkeln und dem in ihnen vertretenen aufklärerischen Gedankengut legten den Grundstein für ihre geistige Entwicklung.

1788 wurde Kleist zusammen mit zwei Vettern zu einem hugenottischen Prediger nach Berlin geschickt und besuchte dort das Gymnasium der französisch-reformierten Gemeinde. Im selben Jahr starb sein Vater, sechzigjährig. Fünf Jahre später verlor er auch seine erst siebenundvierzigjährige Mutter. Damit war seine sorglose Kindheit zu Ende.

Kleist hing nach wie vor an seiner Familie, fand sich aber in der strengen Tradition schlecht zurecht. Ein enges Verhältnis entwickelte sich nur zu seiner Halbschwester Ulrike. Sie wurde seine Vertraute, teilte seine Interessen und half ihm immer wieder finanziell aus der Klemme. In seinen letzten Jahren war ihm auch Marie von Kleist, eine angeheiratete Kusine, Freundin und Mäzenin.

Weil es sich so gehörte, trat Kleist im Sommer 1792 ins Garderegiment in Potsdam ein. In den folgenden Jahren nahm er am Rheinfeldzug und an der Belagerung von Mainz teil. 1797 wurde er zum Leutnant befördert.

In seiner Freizeit spielte er die Klarinette in einem musikalischen Kreis und vertiefte sich mit Freunden in mathematische und philosophische Studien.

Im März 1799 reichte Kleist seinen Abschied ein und bereitete sich auf eine wissenschaftliche Laufbahn vor. Eine Vorstellung von der damals erlebten Lust an der neuen Freiheit gibt der als Brief an seinen Freund Otto August Rühle von Lilienstern gerichtete *Aufsatz, den sichern Weg des Glücks zu finden, und ungestört, auch unter den größten Drangsalen des Lebens, ihn zu genießen*: Das Glück, das durch die Entwicklung aller geistigen Kräfte aus der Tugend entsteht, ist sein Ziel. Er gibt zu, dass er dieses Ideal vom umfassenden Menschsein noch nicht genau benennen kann, ist sich aber des Wegs und auch des Ziels gewiss. Bildung wird ihn dahin führen.

Der Familie zuliebe immatrikulierte er sich in Frankfurt (Oder) für die Rechtswissenschaft, betrieb daneben aber mathematische, naturwissenschaftliche und philosophische Studien. In seinen angestammten Kreisen fühlte er sich unwohl, weil er sie für oberflächlich hielt. Ganz im Geist

Das Lebensziel Wissenschaft

Heinrich von Kleist
Wahrscheinlich authentisches ›Dilettantenporträt‹, 1807

der Aufklärung sah er in der Vernunft, der Fähigkeit zu denken, das höchste Gut und die höchste Verpflichtung. In selbstbewusster Begeisterung entwarf er sich einen Lebensplan: »[...] der Zustand, ohne Lebensplan, ohne feste Bestimmung, immer schwankend zwischen unsichern Wünschen, immer im Widerspruch mit meinen Pflichten [...] – dieser unwürdige Zustand scheint mir so verächtlich und würde mich so unglücklich machen, daß mir der Tod bei weitem wünschenswerter wäre« (aus einem Brief vom Mai 1799 an seine Schwester Ulrike). Man ahnt schon hier, dass solche Kompromisslosigkeit viel innere Unsicherheit übertönt.

Anfang 1800 verlobte er sich mit Wilhelmine von Zenge. Die Briefe an sie bezeugen Kleists euphorischen Glauben an die Allmacht der Bildung. Sie enthalten Theorien über das Lebensziel von Mann und Frau, das nur durch die Entwicklung der geistigen Fähigkeiten wahrhaft erfüllt werden kann. Kleist fügte daher eine ganze Reihe von Denkaufgaben bei, die Wilhelmine auch willig zu lösen schien. Von Liebe ist wenig die Rede, und wenn, dann vor allem um seiner Braut zu zeigen, wie sie seiner ebenso würdig werden könne, wie er es ihr gegenüber bestrebt sei.

> Verlobung

Nach drei Semestern brach Kleist sein Studium ab und ging nach Berlin, um trotz innerem Widerstreben die Möglichkeit einer Anstellung im Staatsdienst zu erkunden.

Im Spätsommer 1800 wurde die mehrmonatige so genannte Würzburger Reise mit seinem Freund Ludwig von Brockes, den er vier Jahre zuvor auf Rügen kennen gelernt hatte, zur Zäsur zwischen zwei Lebensphasen. Die Briefe an Ulrike und Wilhelmine aus jener Zeit lesen sich stellenweise

> Die Würzburger Reise

7. AUTOR UND ZEIT

wie Stücke aus einem Abenteuerroman: Die beiden Freunde reisen unter fremden Namen und machen ein Geheimnis aus ihren Beweggründen. Sie geben Wien als Ziel an, immatrikulieren sich in Leipzig, gehen in geheimnisvollen Geschäften nach Dresden, ändern dort ihren Plan und reisen nach Würzburg. Schwester und Braut werden zu strengster Geheimhaltung verpflichtet. Man rätselt noch heute, was Ziel und Zweck dieser Reise war. Kleists Andeutungen machen eine Frage von Leben und Tod daraus, geben aber keinen konkreten Hinweis. Medizinische Probleme sexueller Art wurden vermutet, aber auch Industriespionage; neuere Untersuchungen machen Kontakte zu Freimaurerlogen wegen beruflicher Perspektiven glaubhaft. Vielleicht stimmt von allem etwas.

In Kleists Leben haben Reisen eine bedeutsame Rolle gespielt. Die Würzburger Reise war ein Wendepunkt. Kleist muss in jener Zeit eine schwere Krise durchlebt haben, denn kurz danach, zurück in Berlin, berichtet er Wilhelmine (16. November 1800) von einem unvergesslichen Augenblick, als er in Würzburg, in einem Zustand totaler Mutlosigkeit, beim Anblick eines Torbogens plötzlich begriffen habe, dass der Bogen nur deshalb halte, »weil alle Steine auf einmal einstürzen wollen«. Daraus habe er unendlichen Trost gewonnen.

Die Überwindung dieser Krise spiegelt sich in seinem Verhältnis zu der Stadt: Zuerst war sie ihm ein Bild der Hässlichkeit, einen Monat später preist er ihre Erscheinung in der Abendsonne als ein göttliches Naturschauspiel (11. Oktober 1800 an Wilhelmine). Man spürt aus seinen Worten die Beschäftigung mit Rousseau, in dessen Werken er das Gefühl als Gegenpol zum Verstand entdeckte. Glück war jetzt

> Der Einfluss Rousseaus

nicht mehr erlernbar, sondern ein Geschenk der Natur, aber auch eine Verpflichtung, den wahren denkenden Menschen, nicht den durch gesellschaftliche Konventionen verfälschten, in sich zu entwickeln. Die Briefe an Wilhelmine enthalten nun keine Denkaufgaben mehr, sondern wollen sie von der rousseauschen Mutter begeistern, die ihre Kinder sprechen und fühlen, dann denken lehrt (10./11. Oktober 1800).

Im November trat Kleist eine Stelle als Volontär im preußischen Wirtschaftsministerium an, aber seine Abneigung gegen jede Art von Beamtung wurde so übermächtig, dass er Wilhelmine vorschlug mit ihm nach Frankreich oder in die französische Schweiz auszuwandern, dort Deutschunterricht zu erteilen und die deutsche Philosophie zu verbreiten.

Diesen Traum zerstörte ausgerechnet die Philosophie Kleist hatte sich schon früher mit Kant beschäftigt, in der Würzburger Zeit und danach in Berlin entstand daraus die größte Krise seines Lebens

Die Kant-Krise

die so genannte Kant-Krise. Man nimmt heute an, dass sie sich von langer Hand vorbereitet hatte und das Berliner Kant-Studium höchstens der Auslöser war Kleists Glaube an Wahrheit und Bildung als Lebensaufgab zerbrach, weil es, wie er nun erkannte, die absolute Wahrheit für den menschlichen Verstand gar nicht gibt: »Wenn alle Menschen statt der Augen grüne Gläser hätten, so würden sie urteilen müssen, die Gegenstände, welche sie dadurch erblicken, *sind* grün – und nie würden sie entscheiden können, ob ihr Auge ihnen die Dinge zeigt, wie sie sind oder ob es nicht etwas zu ihnen hinzutut, was nicht ihnen sondern dem Auge gehört. So ist es mit dem Verstande. Wi können nicht entscheiden, ob das, was wir Wahrheit nennen, wahrhaft Wahrheit ist, oder ob es uns nur so scheint

(22. März 1801 an Wilhelmine). Damit stürzten die Überzeugungen, mit denen er den Erwartungen seiner Familie getrotzt hatte, wie Kartenhäuser in sich zusammen. Er verlor den Glauben an das Lebensziel Wissenschaft; und hatte nichts, mit dem er es ersetzen konnte.

Wieder begab er sich auf eine Reise. Sie wurde der Anfang einer langen, fast bis an sein Lebensende währenden Zeit der Ruhelosigkeit. Im April 1801 fuhr er mit seiner Schwester Ulrike über Dresden, Halberstadt, Göttingen, Mainz, Straßburg nach Paris, wo sie sich von Juli bis November aufhielten. Er mochte die Stadt nicht; sie verkörperte für ihn Dekadenz und die Leere des gesellschaftlichen und kulturellen Lebens. Im November hielt er es nicht mehr aus und reiste allein zu Freunden in die Schweiz. Anfang 1802 ließ er sich auf der Aare-Insel bei Thun nieder, fest überzeugt, dass er hier endlich die ihm gemäße Lebensform finden könne. Es war der radikalste Bruch mit seiner Herkunft, und es war auch klar, dass er ihn nicht würde vollziehen können. Seine Verlobung löste sich auf, da Wilhelmine an seinen Plänen begreiflicherweise wenig Freude hatte und vergeblich auf seine Rückkehr hoffte.

Reise nach Paris und in die Schweiz

Aber zwischen Würzburg und Thun war Kleist zum Dichter geworden. Als der Traum von der Wissenschaft als Wegbereiterin zur Wahrheit zerbrach, begann der Glaube an die Kunst zu wachsen. Entwürfe zu ersten Dramen – *Familie Ghonorez* (später *Schroffenstein*) und *Penthesilea* – entstanden in Würzburg. In Paris begann er *Robert Guiskard* und schrieb die erste Fassung der Erzählung *Die Verlobung in St. Domingo*. In Thun war der Glaube an Erfolg und Ruhm durch die Dichtung wie ein Phönix aus der

Dichtung wird Lebensaufgabe

Asche der zerstörten wissenschaftlichen Hoffnungen erstanden. Er begann den *Zerbrochnen Krug*, beendigte die *Familie Schroffenstein*, hatte Pläne für mehrere weitere Werke, unter ihnen *Amphitryon*, und er arbeitete an *Robert Guiskard*, dem Drama, in das er seinen ganzen Ehrgeiz setzte.

Im Oktober 1802 reiste er nach Weimar, ins Zentrum des kulturellen Geschehens.

Aber die poetische Begeisterung hielt nicht an. Im März 1803 leitete eine Reise nach Leipzig und Dresden und bald darauf nach Bern, Mailand, Genf und Paris den nächsten Zusammenbruch ein: Kleist sprach sich alle dichterischen Fähigkeiten ab und verbrannte in einem Anfall von Verzweiflung das Manuskript des *Robert Guiskard*. Er hatte schon früher Selbstmordabsichten geäußert, nun schockierte er Verwandte und Freunde mit der überstürzten Abreise nach Boulogne, wo er sich mit dem französischen Heer nach England einschiffen wollte, um dort den Schlachtentod zu sterben – ein wahrhaft rätselhafter Selbstmordplan für einen preußischen Junker und erklärten Feind Napoleons. Durch Zufall entdeckte ihn ein Bekannter und konnte seine Rückreise nach Mainz veranlassen. Dort begab er sich in ärztliche Pflege, aber er brauchte Monate, um sich vor seinem Zusammenbruch zu erholen.

Reise nach Paris und Boulogne

Nicht ohne Schwierigkeiten gestaltete sich danach der Wiedereinstieg in den preußischen Staatsdienst, als Volontär erst in Berlin, dann in Königsberg. Nach knapp zwei Jahren, im Sommer 1806, gab Kleist den Versuch auf. Anfang 1807, in den politischen Wirren nach dem militärischen Zusammenbruch Preußens, wurd

Berlin, Königsberg, in französischer Gefangenschaft

er auf dem Weg nach Dresden von den Franzosen als Spion verhaftet und ein halbes Jahr erst im Jura, dann in Châlons-sur-Marne gefangen gehalten.

Während der Tätigkeit im Staatsdienst hatte Kleist die schriftstellerische Arbeit intensiv wieder aufgenommen. In der Zeit seiner Gefangenschaft veröffentlichten Freunde *Amphitryon* und die erste Fassung des *Erdbebens in Chili*. Als er sich nach seiner Befreiung in Dresden niederließ, war er fest überzeugt, dass er sich als Dichter und Verlagsbuchhändler eine sichere Existenz würde aufbauen können. Zusammen mit Adam Müller, einem jungen Gelehrten, gab er die literarisch-philosophische Monatsschrift *Phöbus. Ein Journal für die Kunst* heraus und hoffte auf Beiträge von Leuten mit klingendem Namen, z. B. von Goethe, aber der Erfolg blieb aus; bald bestritt er die Zeitschrift in der Hauptsache mit Teilabdrucken seiner eigenen Werke. Aber die Wahl seiner Themen und die Kompromisslosigkeit ihrer Gestaltung schreckten ab. Einen entscheidenden Schlag versetzte ihm im März 1808 die Aufführung des *Zerbrochnen Kruges* durch Goethe am Weimarer Theater; das Lustspiel wurde von der gesamten Kritik als zu lang und – vermutlich wegen des dafür unpassenden weimarischen Deklamationsstils – als langweilig abgelehnt.

> Dichter und Verleger in Dresden

1809 unternahm Kleist wieder eine Reise. Mit dem Historiker Friedrich Christoph Dahlmann begab er sich erst nach Wien, dann nach Prag, wo sie sich von Juni bis Oktober aufhielten. Politische Motive waren wohl der Anlass. Es gilt heute als höchst wahrscheinlich, dass Kleist auch auf früheren Reisen Spionage- oder mindestens Kurierdienste leistete. Diesmal, weiß man, hatte er Kontakt mit dem ös-

> Reise nach Wien und Prag

terreichischen Nachrichtendienst, und in Prag bemühte er sich – allerdings vergeblich – um die Herausgabe einer politischen Zeitschrift *Germania*.

Als Kleist sich 1810 wieder in Berlin niederließ, hatte er einen ansehnlichen Bekanntheitsgrad erreicht. Er bereitete den Druck der *Erzählungen* und der Dramen vor, er schrieb *Prinz Friedrich von Homburg*, und er verkehrte in den maßgeblichen Kreisen der Berliner Gesellschaft. Im Oktober trat er, zusammen mit Adam Müller, als Herausgeber einer der ersten Tageszeitungen, der *Berliner Abendblätter*, an die Öffentlichkeit. Die Zeitung fand anfangs reißenden Absatz, aber als die Zensurbehörde eingriff, flaute das Publikumsinteresse ab und es kam zu einem weiteren finanziellen Misserfolg. Als Kleist auch die staatliche Pension verweigert wurde, kündigte sich die nächste Krise an.

> Dichter und Journalist in Berlin

Die Reise, auf die er sich diesmal begab, war eine endgültige. Als im Herbst 1811 eine seiner Bewunderinnen, die schwer kranke Henriette Vogel, Gattin eines Bekannten, von gemeinsamem Sterben schwärmte, fiel die Entscheidung. Am 21. November begaben sich die beiden in ein Gasthaus am Wannsee, speisten vergnügt, verabschiedeten sich schriftlich von Angehörigen und Freunden, sorgten für den Nachlass, organisierten ihr Begräbnis. Am nächsten Tag bezahlten sie die Rechnung, ließen sich Kaffee an den See bringen. Dann hörte man zwei Schüsse: Kleist hatte erst Henriette Vogel, dann sich selbst umgebracht.

> Selbstmord

Kleist als Kind seiner Zeit

Als Kleist sich von der Militärkarriere lossagte, entwickelte er sein logisches Denken an der Wissenschaft der Aufklärung. Die Kompromisslosigkeit seiner Gedankengänge hatte er dieser Schule zu verdanken. Beeinflusst wurde er aber auch von Dichtern, die Gedanken der Aufklärung formulierten: einer war Lessing; für Kleists Entwicklung entscheidend aber wurde Schiller. Er liebte *Don Carlos*, war begeistert von *Wallenstein*; der Einfluss ist in seinen Werken und in den Briefen bis in Zitate hinein zu bemerken. Dann wurde die Faszination für die Philosophie des Erhabenen immer mehr zur kritischen, ja streitbaren Auseinandersetzung mit Schiller. Kleist bewunderte Goethe und setzte zugleich seinen ganzen Ehrgeiz daran, ihm den dichterischen Rang abzulaufen. Nach der misslungenen Aufführung seiner Komödie sah er in ihm den Gegner und verspottete ihn als den Konservativen, der seine eigene Jugend vergessen habe.

> *Der Einfluss aufklärerischen Denkens und das Verhältnis zu Schiller und Goethe*

Im Zentrum aller Kleist'schen Werke steht der Zusammenbruch; das ist ihr wichtiger biographischer Hintergrund. Eine Naturgewalt, ein Krieg, ein spukhaftes Erlebnis oder ein fatales Missverständnis zerstören alle scheinbar unverrückbaren Werte. Aus dem Chaos entsteht wieder eine Ordnung, aber meist durch eine unmenschliche Lösung und auf Kosten der Guten. Das Einzige, was in dieser Verlorenheit noch zählt, sind das unbeirrbare Vertrauen in den Menschen, den man liebt, und die Liebe, die auch vor Selbstverleugnung und Tod nicht Halt macht.

7. AUTOR UND ZEIT

Nicht nur persönliche Krisen Kleists verbergen sich in diesen Darstellungen, sie spiegeln auch das Chaos seiner Zeit. Nach 1801, dem Jahr der Kant-Krise, wandelte sich Kleists Denken immer mehr vom Philosophischen ins Politische. Er erlebte die Wirren der Koalitionskriege und die Umwälzung der politischen und sozialen Systeme Europas. Napoleon wurde Erster Konsul und schließlich Kaiser. Reformerische Bestrebungen fanden keinen Boden, Opposition wurde mit Gewalt erstickt. 1807, als *Das Erdbeben in Chili* erschien, war der preußische Staat zusammengebrochen und die Hoffnung auf eine politische und soziale Neuordnung erstarb im Bürokratismus.

> *Der Einfluss des Kriegsgeschehens*

Kleist leugnet weder Gott noch Schicksal, aber da der menschliche Verstand die absolute Wahrheit nie erfassen kann, ist es so gut, als gäbe es sie nicht. Eine Ahnung dessen, was Unfassbarkeit bedeutet, widerfährt dem Menschen, wenn das rationale Denken ausgeschaltet ist. In der Ohnmacht, im Traum, in der Begegnung mit einem Doppelgänger fallen Kleists Menschen in solche Zustände. Diese Erfahrung des Irrationalen im Unbewussten verband ihn mit den Romantikern; den Weg dahin hatte ihm die Beschäftigung mit Rousseau geebnet. In seinen letzten Jahren schloss er sich an den Kreis um Brentano, Arnim, Fouqué und Tieck an. Tieck wurde der erste Herausgeber seines Gesamtwerks.

> *Die Beziehung zur Berliner Romantik*

Zwei letzte literarische Einflüsse sind noch zu nennen: In der antiken Dichtung, vor allem bei Sophokles, als dessen Nachfolger ihn einige seiner Bewunderer begrüßten, fand Kleist die Unfassbarkeit des Schicksals vor-

> *Der Einfluss von Sophokles und Shakespeare*

gestaltet. Der zweite Einfluss ist der Shakespeares. Der Ausbruch des Chaos, die aus den Fugen geratene Natur, die sich mit grausamer Konsequenz wieder einrenkt, das sind auch Shakespeares zentrale Themen. Zwischen der Kleist'schen und der Shakespeare'schen Welt besteht eine Geistesverwandtschaft, die schon von Kleists Zeitgenossen wahrgenommen wurde.

Kleist wurde von vielen beeinflusst, aber man kann ihn keiner literarischen »Schule« zuweisen. Er ist der große Einzelfall in der an literarischen Strömungen so reichen Goethezeit.

Die Werke

1803 *Die Familie Schroffenstein. Ein Trauerspiel in fünf Aufzügen* (Uraufführung Graz **1804**). Eine frühe Schuld zweier verfeindeter Familien führt zum Tod von deren Kindern, die mit ihrer Liebe den Hass besiegt hätten.

1807 *Amphitryon. Ein Lustspiel nach Molière.* Alkmene, die von Jupiter in Gestalt ihres Gemahls Amphitryon besucht worden ist, muss entscheiden, welcher von beiden ihr Gatte ist. Sie wählt Jupiter. Amphitryon, der sie eines Betrugs unfähig weiß, fühlt sich in seiner Identität zerstört. Erst jetzt offenbart sich Jupiter.
Jeronimo und Josephe. Eine Scene aus dem Erdbeben zu Chili, vom Jahr 1647.

1808 *Robert Guiskard. Herzog der Normänner* (Fragment).
Penthesilea. Ein Trauerspiel. Die Amazonenkönigin kämpft mit ihrem Volk gegen die Griechen, um – wie ihr Gesetz es verlangt – die Gefangenen zum Hoch-

zeitsfest in ihr Land zu führen. In den Armen Achills aus der Bewusstlosigkeit erwachend, hält sie sich für die Siegerin, dann wird sie ihres Irrtums gewahr. Er, der von ihrem Gesetz erfährt, will sich ihr später im Scheinkampf ergeben. Sie aber glaubt sich verhöhnt und zerfleischt ihn mit ihren Hunden, dann tötet sie sich selbst.
Phöbus. Ein Journal für die Kunst mit Teilabdrucken aus mehreren Werken und dem Erstdruck von:
Die Marquise von O... Im Kriegsgeschehen wird die Marquise während ihrer Ohnmacht von einem Offizier vergewaltigt, der sie vor Vergewaltigern gerettet hat. Die Familie glaubt ihre Ahnungslosigkeit nicht und verstößt sie. Sie aber findet den Vater ihres Kindes durch ein Inserat.

1810 *Das Käthchen von Heilbronn oder Die Feuerprobe. Ein großes historisches Ritterschauspiel* (Uraufführung im selben Jahr in Wien). Das einfache Bürgermädchen Käthchen fühlt sich durch Träume und geheimnisvolle Kräfte an den Grafen Wetter vom Strahl gebunden und erringt schließlich seine Liebe.
Erzählungen (Bd. 1), enthaltend:
Die Marquise von O..., Das Erdbeben in Chili und *Michael Kohlhaas.* Ein Rosshändler verteidigt sein Recht im korrupten Staat, bis er selbst zum Mörder wird. Am Schluss erhält er Recht, erkennt aber seine eigene Schuld und nimmt das Todesurteil dafür an.
Berliner Abendblätter, mit zahlreichen Anekdoten, Kurzgeschichten und Aufsätzen zu Kunst- und Weltbetrachtung sowie Zeitkritik, u. a. der Aufsatz
Über das Marionettentheater. Der Mensch müsste sein Bewusstsein überwinden, um sich so vollkom-

men bewegen zu können wie die Marionette, die ganz den physikalischen, d. h. natürlichen Gesetzen gehorcht.

1811 *Der zerbrochne Krug. Ein Lustspiel.* (Uraufführung Weimar **1808**).
Der Dorfrichter Adam erpresst Eve zu einem Stelldichein. Eves Bräutigam Ruprecht überrascht die beiden in Eves Zimmer. Im Tumult entflieht Adam unerkannt, zerbricht dabei aber einen Krug. Eves Mutter klagt deswegen vor Gericht. Um Eves Ehre zu retten, will sie, dass Ruprecht schuldig gesprochen wird. Das Netz zieht sich aber nicht über dem Angeklagten, sondern über Adam, dem Richter, zusammen.

Erzählungen (Bd. 2), enthaltend:

Der Findling. Durch einen aus Mitleid adoptierten, gefühlskalten Knaben brechen dunkle Verhängnisse wieder auf und zerstören eine Familie.

Der Zweikampf. Eine Erzählung über die Unmöglichkeit, die Wahrheit aufzudecken, weil Schuld und Unschuld sich überlagern und Sein und Schein sich nur durch Zufall unterscheiden lassen.

Die Verlobung von St. Domingo. Tragische Liebe zwischen einem Weißen und einer Schwarzen.

Die heilige Cäcilie oder Die Gewalt der Musik. Ein Musikerlebnis stürzt vier junge Aufrührer in den Wahnsinn.

Das Bettelweib von Locarno. Eine bis in kleinste Details durchgestaltete kurze Gespenstergeschichte, in der eine zufällige Begebenheit zum Untergang eines Hauses führt.

1821 *Hinterlassene Schriften* (hrsg. von Ludwig Tieck):
Die Hermannsschlacht. Ein Drama. Der Germanen-

fürst Hermann gewinnt den Krieg gegen die Römer, weil er sich weder an die Regeln der Kriegführung noch an moralische Gesetze hält. Er wird zum König von Germanien ausgerufen. Ihn schaudert, weil er als erste Amtshandlung ein Todesurteil sprechen muss, aber er zögert nicht, denn nur Konsequenz kann den Erfolg erhalten. – Historische Parallelen zum Kampf Preußens gegen Frankreich.

Prinz Friedrich von Homburg. Ein Schauspiel. Der Prinz, verwirrt durch ein Erlebnis während eines schlafwandlerischen Zustandes, missachtet einen Befehl und verhilft dem Kurfürsten so zum Sieg. Er verzweifelt, als er nach dem Kriegsgesetz zum Tod verurteilt wird, seine Ehre und sein Rechtsgefühl verbieten ihm aber ein Gnadengesuch. Als er die Richtigkeit der Strafe einsieht, begnadigt ihn der Kurfürst.

8. Rezeption

Als 1810 der erste Band von Kleists *Erzählungen* erschien, waren die Reaktionen so gemischt wie bei seinen früheren Publikationen. In den Berliner Literaturkreisen begrüßte man sie als etwas vom Besten, was die moderne Literatur zu bieten habe; die breite Leserschaft aber war schockiert und beklagte den Mangel an Zartgefühl. Wie ernst man Kleist auch in der Ablehnung nahm, geht aus einer politischen Reaktion hervor: Die Wiener Zensur verbot das Erscheinen der *Erzählungen*, weil »deren Gehalt, wenn auch nicht ohne Wert, doch die unmoralischen Stellen nicht vergessen machen könne, welche besonders in der Erzählung *Das Erdbeben in Chili* vorkommen, deren Ausgang im höchsten Grade gefährlich sei«.[4] Ein Jahr nach Kleists Tod lobten zwei Rezensionen – vermutlich von Wilhelm Grimm –, dass sich Kleists Sprachkunst keineswegs »an das Muster des nach der feinen Umgangssprache geglätteten Erzählungstons« halte, sondern von einem Verfasser zeuge, der »tief in die Verhältnisse des Lebens und das Innerste der Menschenbrust geschaut«.[5] Die Erzählungen seien beispielhafte Novellen, weil sie »das wahrhaft *Neue*, das Seltne und Ausserordentliche in Charakteren, Begebenheiten, Lagen und Verhältnissen« so echt und lebendig darstellten, dass es »wie die gewöhnlichste Erfahrung« erscheine. Im *Erdbeben in Chili* vergegenwärtige sich höchstes Glück und schlimmstes Unglück auf so ungeheuerliche Weise wie die Naturkatastrophe, die beides auslöse. Eine gefährliche Tendenz des Verfassers »ins Grässliche und Empörende auszuschweifen« sei aber nicht zu leugnen.[6] Diesen Hang

> Kleists Gegenwart

warf ihm auch Goethe vor, er nannte es das Romantisch-Krankhafte.

Damit sind die Pfeiler genannt, auf denen bis heute die Stellungnahmen für oder gegen Kleists Erzählungen ruhen: die Echtheit und die Schonungslosigkeit seiner Darstellung, der Hang zum Schrecklichen, die auffallend persönliche, gekonnt gestaltete, aber nicht einfache Form und Sprache. Diese Eigenschaften, zusammen mit dem, was man über sein Leben – besonders über seinen Tod – wusste, spalteten im ganzen 19. Jahrhundert das Urteil über ihn. Es fällt auf, dass eine Parteinahme für oder gegen Kleist öfters als Parteinahme für oder gegen Goethes Urteil über ihn formuliert ist. Das bedeutet auch, dass sowohl Gegner wie Befürworter ihn zum romantischen Lager rechneten.

19. Jahrhundert

Zu Kleists eifrigsten Bewunderern gehörte Ludwig Tieck; er gab 1821 die hinterlassenen Schriften und 1826 die erste Gesamtausgabe heraus. *Das Erdbeben in Chili*, sagte er, verrate die Meisterhand des wohl größten deutschen Erzählers. Tieck ist es weitgehend zu verdanken, dass sich eine kleine, aber hartnäckige Gemeinde von Bewunderern hielt, vor allem Dichterkollegen. So verschiedenartige Menschen wie Heine, Hebbel, Nietzsche, Keller, Fontane gehörten dazu.

Ludwig Tieck

Die kritische Gesamtausgabe von Georg Minde-Pouet (1904/06) und die Ehrungen zum 100. Todestag etablierten Kleist unter den Großen der deutschen Literatur, und wiederum kam das Lob von den verschiedensten Seiten: von Hans Henny Jahnn, Thomas und Heinrich Mann, Rilke, Tucholsky, Robert Walser, Jakob Wassermann, um einige herauszugreifen. Franz

20. Jahrhundert: Vor- und Zwischenkriegszeit

Kafka bezeichnete ihn gar als »Blutsverwandten«[7] und rühmte seine Erzählungen – laut Gustav Janouch – als »die Wurzel deutscher Sprachkunst«[8]. Seine Beziehung zur Kleist'schen Erzählkunst ist auch von der Sekundärliteratur mehrfach untersucht worden.

1920 wurde in Berlin von Georg Minde-Pouet und Julius Petersen die Kleist-Gesellschaft gegründet, die durch die Erinnerung an Kleist auf die Gegenwartsliteratur einwirken wollte; leider führte das ganz gegen die Absicht der Gründer in die falsche Richtung: 1922 schloss ein »Aufruf der Kleist-Gesellschaft« mit den Worten: »Zu Kleist stehen heißt deutsch sein«[9], und dreizehn Jahre später war die Kleist-Gesellschaft der »NS-Kulturgemeinde« einverleibt und Kleist als Verkünder deutscher Art vereinnahmt.

Nach dem Krieg war der unverstellte Blick auf Kleist wieder möglich. Das Apokalyptische, dessen schonungslose Darstellung man ihm vorgeworfen hatte, war Wirklichkeit geworden. Schon 1946 sprach der Schriftsteller Arnold Zweig von Kleists erschreckender Modernität: Das Erdbeben in Santiago könne durch die Luftbombardements des Weltkriegs ersetzt werden, dann erkenne man in den »klerikalen Masseninstinkten« von 1647 die »nationalistischen« der Gegenwart.[10] In den fünfziger Jahren pries Thomas Mann in einer amerikanischen Ausgabe der *Erzählungen* und auf Vortragsreisen Kleists sprachliche und gestalterische Meisterschaft gerade in der Darstellung des Schrecklichen.

> Nach dem 2. Weltkrieg

Im ausgehenden 20. Jahrhundert sind weitere Tabus gefallen. Man sieht jetzt viel deutlicher, als Kleists erste Leser es taten, die psychologische Wahrheit im guten wie im bösen Han-

> Die jüngste Vergangenheit bis heute

deln seiner Personen und nimmt die erotisch-sexuelle Komponente wahr, die auch im *Erdbeben in Chili* vor allem in den Gewaltszenen enthalten ist. Das Misstrauen gegenüber der ›heilen Welt‹ hat uns die Augen geöffnet für das Illusionslose an Kleists Utopien. Das »Als-ob«, mit dem er im *Erdbeben in Chili* den Glückszustand verbindet, hat in der Sekundärliteratur immer mehr Aufmerksamkeit auf sich gezogen. Heute scheint sich, ausgelöst durch die feministischen Bewegungen der jüngeren Vergangenheit, der Blick auf das Menschen- und Gesellschaftsbild in den *Erzählungen* – auch im *Erdbeben in Chili* – noch einmal erweitert zu haben, man betrachtet jetzt das dargestellte Gesellschaftssystem und die Geschlechterrolle auch vom weiblichen Standpunkt aus.

Zweierlei Bearbeitungen des *Erdbebens in Chili* illustrieren die Spannweite der Kleist-Rezeption: eine Nacherzählung von 1837 und die 1975 im Auftrag des Zweiten Deutschen Fernsehens entstandene Verfilmung von Helma Sanders. Die Nacherzählung hat alles als anstößig und unfein Empfundene eliminiert. Der Vergleich mit Kleists Original weckt Bewunderung für die Leidenschaft und die Lebenskraft, die aus seiner Erzählung spricht. Der volle Text der Bearbeitung ist in den *Erläuterungen und Dokumenten* zum *Erdbeben in Chili* (s. Kap. 10) abgedruckt und sollte für eine Würdigung von Kleists Text unbedingt herangezogen werden.

Zwei Bearbeitungen

In Helma Sanders' Film ist nach ihren eigenen Aussagen wenig von Kleist übrig geblieben. Dem Film wird Kleists Text stellenweise zu Grunde gelegt, aber auf Abänderungen und Umdeutungen der Handlung wollte man anscheinend nicht verzichten. Sie widerspiegeln – nicht anders als die

Bearbeitungen des 19. Jahrhunderts – Denkschemen der Entstehungszeit: Angeprangert werden Börsengeschäfte der chilenischen Kirchenfürsten, intrigantes Geschäftsgebaren und geringe Solidarität der Privilegierten mit den Benachteiligten, Unterdrückung der Frau, Rassenhass, besonders in der unteren Sozialschicht, Rassendiskriminierung – Jeronimo ist ein Indio und idealistischer Sozialreformer, er wird vom Priester, dem Vertreter des konservativen Establishments, bewusst in den Tod geschickt –, aber es gibt auch Rührendes: Don Asteron stirbt in den Armen seiner Tochter. Helma Sanders' Kommentar klingt in manchem wie eine Entschuldigung: »Von der Jeronimo-Figur, die ich mir eigentlich als Projektion Kleists von sich selbst gedacht hatte [...], ist nicht mehr viel übrig geblieben.«[11] Das mag man bedauern, vielleicht bestätigt es aber einfach, dass man, wenn man Kleists Prosa verfilmt, nicht bei Kleist endet.

9. Checkliste

Für die Lösung der Aufgaben gibt das jeweilige Kapitel den Anhaltspunkt; sie setzen aber die Kenntnis des ganzen Texts voraus.

Inhalt

1. Was erfahren wir über die sozialen Strukturen und das Leben in St. Jago?
2. Warum und wie verändert sich das soziale Verhalten der Menschen im Tal?
3. Wie ist die Atmosphäre vor dem Gottesdienst, und wo fallen die Entscheidungen, die schließlich zur Katastrophe führen?
4. Welche möglichen Hypothesen lassen sich über die Zukunft der Überlebenden anstellen?
5. Kleist hatte ein gespaltenes Verhältnis zum Katholizismus: Er lehnte ihn ab, wünschte aber zuzeiten, er wäre katholisch. Wird das in der Erzählung sichtbar?

Personen

1. Welche Charakterzüge kann man aus Jeronimos Verhalten erschließen?
2. Was für ein Charakterbild ergibt Josephes Verhalten?
3. Wie lässt sich erklären, dass Josephe bis zum Ausbruch des Erdbebens passiv erscheint, dass aber danach alle Handlung von ihr ausgeht?

4. Was verbindet Josephe und Jeronimo miteinander?
5. Was hat Don Fernando Jeronimo voraus?
6. Formulieren Sie als inneren Monolog, was sich in Donna Elisabeths »träumerischem Blick« (57) verbirgt. Was flüstert sie Don Fernando beim Aufbruch in die Stadt zu?
7. Wie verändern die schrecklichen Ereignisse Donna Elvire?
8. Welches sind die Erziehungsprinzipien der oberen Stände? Welche menschlichen Schwächen sollen sie überwinden helfen? Bewähren sie sich?
9. Wonach richten die einfachen Leute ihre Verhaltensweisen? Auf welche Instanzen können sie sich berufen?
10. Woran erkennt man Kleist als guten Psychologen?

Aufbau und Gestaltung

1. Wägen Sie die Zwei- und die Dreiteilung der Erzählung gegeneinander ab. Warum lassen sich aus den drei Teilen schlecht getrennte Kapitel machen, mit Titeln wie »Das Erdbeben«, »Im Tal«, »Das Massaker«?
2. Warum hat Kleist wohl den Titel *Jeronimo und Josephe* aufgegeben?

Interpretation

1. Was wird durch Kleists Eingriffe in die historische Überlieferung hervorgehoben?
2. Welche Denkanstöße gaben Kleist die Diskussionen über das Erdbeben von Lissabon?

3. Vergleichen Sie das Verhalten der Stadtbewohner nach dem Erdbeben mit ihrem Verhalten nach dem Gottesdienst.
4. Warum verschweigt Kleist, was Donna Elisabeth ihrem Schwager sagt?
5. Welche Bedeutungen hat die Idee ›Gott‹ in der Erzählung?
6. Warum spricht Kleist kaum je vom Schicksal, sondern lässt Zufälle und Missverständnisse über das Leben seiner Menschen bestimmen?
7. Wie geht Kleist mit den Vorstellungen ›Glück‹ und ›Unglück‹ um?
8. Warum gelten die Begriffe ›gut‹ und ›böse‹ für die Gesellschaft, aber nicht für die Natur?
9. Warum rückt Kleist Josephe in die Nähe Marias, der Mutter Gottes?
10. Was ist mit dem »menschlichen Geist« gemeint, der sich im Tal offenbart? Warum gibt es ihn in der Stadt nicht?
11. Wie wirken sich Ordnung und Chaos auf das Verhalten der Menschen aus?
12. Warum schließt Kleist seine Erzählung mit einer Hypothese?
13. Zu Kleists Zeit gehörte Vorlesen wie Musizieren zu den gesellschaftlichen Unterhaltungen. Woran erkennt man, dass Kleist beim Schreiben auch daran dachte?
14. Welche gestalterischen Mittel benützt Kleist, um seine Botschaft anzubringen?
15. Wie muss man den Begriff ›Erdbeben‹ im Titel verstehen?

Autor und Zeit

1. Versuchen Sie Kleists Leben in Lebensabschnitte einzuteilen.
2. Was ist das Gefährliche an Kleists »Lebensplan«?
3. Wie hat Kleist sich während der Würzburger Reise und durch die Kant-Krise verändert?
4. Vergleichen Sie die folgenden Aussagen miteinander. Was sagen sie über Kleist aus? Wie passen sie zum *Erdbeben in Chili*?
   »Ein freier, denkender Mensch bleibt da nicht stehen, wo der Zufall ihn hinstößt [...]. Er fühlt, daß man sich über das Schicksal erheben könne, ja, daß es im richtigen Sinne selbst möglich sei, das Schicksal zu leiten« (Mai 1799 an Ulrike von Kleist),
   »Ach Wilhelmine, wir dünken uns frei, und der Zufall führt uns allgewaltig an tausend feingesponnenen Fäden fort« (9. April 1801 an Wilhelmine von Zenge).
5. In Thun sah Kleist an einem Haus die folgende Inschrift: »Ich komme, ich weiß nicht, von wo? Ich bin, ich weiß nicht, was? Ich fahre, ich weiß nicht, wohin? Mich wundert, daß ich so fröhlich bin.« Er schrieb seinem Freund Heinrich Zschocke dazu: »Der Vers gefällt mir ungemein, und ich kann ihn nicht ohne Freude denken, wenn ich spazieren gehe« (1. Februar 1801). Wie erklären Sie sich das?
6. Suchen Sie Gründe, warum »als ob« zu einem von Kleists Stilmerkmalen geworden ist.
7. Goethe soll von Kleist gesagt haben: »Sein Hypochonder ist gar zu arg; er richtet ihn als Menschen und Dichter zugrunde.«[12] Wie lässt sich das auf *Das Erdbeben in Chili* beziehen?

Rezeption

1. Erläutern Sie die folgende Aussage Thomas Manns in Bezug auf *Das Erdbeben in Chili*:
   Kleist »hält es mit dem Wortsinn des Namens ›Novelle‹, der ›Neuigkeit‹ heißt. Was er mit unbeweglicher Miene vorbringt, sind Neuigkeiten, unerhört; und die Spannung, in der sie den Leser halten, hat etwas unheimlich Spezifisches. Sie ist Besorgnis, Schrecken, das Grausen vor dem Rätselhaften, Zwiespalt der Vernunft, der ängstliche Eindruck, daß Gott sich irrt [...].«[13] Teilen Sie seine Meinung?
2. Das Folgende ist ein Stück aus der Nacherzählung von 1837. Was hat dem Verfasser an Kleists Erzählung missfallen? Vergleichen Sie mit Kleists Text: »Josephine antwortete in Verzweiflung: ›Dies Kind ist nicht mein‹ und das erschreckte Kind streckte wirklich seine Arme nach seinem Vater, Don Fernando, aus. ›Das ist der Vater, der ist Jeronimo!‹ rief die Menge und drängte heran. – ›Halt!‹ unterbrach sie Jeronimo, indem er festen Schrittes vortrat; ›wenn ihr Jeronimo Rugera sucht, ich bin es.‹ Unterdessen gab er Fernando auch sein Kind und bat ihn, sich zu entfernen, was er that.«[14]
3. Im Film von Helma Sanders geißelt sich Josephe nach ihrer Einkleidung als Novizin, um Sühne zu leisten. Sie erfleht Gottes Beistand im Kampf gegen ihre Liebe: »Mein Gott, komm zu mir! Ich bin sündig und meine Gedanken sind voll Sünde. [...] Ich vermag nichts allein. [...] Meine Gedanken sind voll Sünde.« Nachts, im Garten, versucht sie vergeblich Jeronimo zu widerstehen: »Ich darf nicht mit dir zusammensein. Ich bin die Braut des Herrn.«[15] Vergleichen Sie das mit Kleists Erzählung.

10. Lektüretipps

Ausgaben

Heinrich von Kleist: Die Marquise von O… / Das Erdbeben in Chili. Stuttgart: Reclam, 2004. (UB. 8002.) (Mit einem Nachwort von Christian Wagenknecht.) – *Reformierte Rechtschreibung. Nach dieser Ausgabe wird zitiert.*

Heinrich von Kleist: Sämtliche Erzählungen und andere Prosa. Stuttgart: Reclam, 1997. (UB. 8232.) (Mit einem Nachwort von Walter Müller-Seidel.)

Da man immer auch das Gesamtwerk eines Autors im Auge haben sollte, sei hier diejenige Gesamtausgabe zitiert, die für die Sekundärliteratur die häufigste Referenz ist und die auch der Reclam-Ausgabe zugrunde liegt:

Heinrich von Kleist: Sämtliche Werke und Briefe. Hrsg. von Helmut Sembdner. 2 Bde. 9., verm. u. rev. Aufl. München: Hanser, 1993 [zuerst 1952].

Informationen zur Biografie

Heinrich von Kleists Lebensspuren. Dokumente und Berichte der Zeitgenossen. Hrsg. von Helmut Sembdner. 7., erw. Neuaufl. München/Wien 1996.

Heinrich von Kleists Nachruhm. Eine Wirkungsgeschichte in Dokumenten. Hrsg. von Helmut Sembdner. 4., erw. Neuaufl. München/Wien 1996.

Loch, Rudolf: Kleist. Eine Biographie. Göttingen 2003.

Müller-Salget, Klaus: Heinrich von Kleist. Stuttgart 2002. (Reclams UB. 17635.)

Zum *Erdbeben in Chili*

Appelt, Hedwig / Grathoff, Dirk: Erläuterungen und Dokumente: Heinrich von Kleist: *Das Erdbeben in Chili*. Stuttgart 2004. (Reclams UB. 8175.)

Doering, Sabine: Literaturwissen für Schule und Studium: Heinrich von Kleist: *Das Erdbeben in Chili*. Stuttgart 1996. (Reclams UB. 15209.) S. 70–74.

Kircher, Hartmut: Heinrich von Kleist: *Das Erdbeben in Chili / Die Marquise von O…* Interpretation. München 1992. (Oldenbourg Interpretationen 50.)

Oellers, Norbert: *Das Erdbeben in Chili*. In: Interpretationen: Kleists Erzählungen. Hrsg. von Walter Hinderer. Stuttgart 1998. (Reclams UB. 17505.) S. 85–110.

Wellbery, David E. (Hrsg.): Positionen der Literaturwissenschaft. Acht Modellanalysen am Beispiel von Kleists *Das Erdbeben in Chili*. München 1985.

Wittkowski, Wolfgang: Skepsis, Noblesse, Ironie. Formen des Als-ob in Kleists *Erdbeben*. In: Euphorion 63 (1969) S. 247–283.

Der bibliographische Anhang der oben genannten Werke von Müller-Salget, Appelt/Grathoff und Oellers bietet eine gute Grundlage für eine weitergehende Beschäftigung mit Kleist, es sind auch Standardwerke der frühen Kleist-Forschung seit Anfang des 20. Jahrhunderts darin verzeichnet.

Einblick in die neuere und gegenwärtige Kleist-Forschung geben die Jahrbücher der Kleist-Gesellschaft:

Kleist-Jahrbuch [erscheint jährlich]. Im Auftrag des Vorstandes der Heinrich-von-Kleist-Gesellschaft hrsg. von Günter Blamberger, Sabine Doering und Klaus Müller-

Salget. Stuttgart, Weimar 1990 ff. [1980–1989 hrsg. von Joachim Kreutzer. Berlin.]

Zwei Beiträge in den Jahrbüchern der letzten Jahre weisen auf eine neue Tendenz in der Rezeption der *Erzählungen* und des *Erdbebens in Chili* hin:

Gelus, Marjorie: Josephe und die Männer. Klassen- und Geschlechteridentität in Kleists *Erdbeben in Chili*. Kleist-Jahrbuch 1994. S. 118–140.

Lewis, Alison: Der Zwang zum Genießen. Männliche Gewalt und der weibliche Körper in drei Prosatexten Kleists. Kleist-Jahrbuch 2000. S. 198–222. [Zum *Erdbeben in Chili*: bes. S. 212–217.]

Bearbeitungen und Verfilmung der Kleist'schen Erzählung

Sanders, Helma: *Das Erdbeben in Chili*, Verfilmung im Auftrag des ZDF (Erstausstrahlung: 31. 3. 1975; Wiederholung: 29. 10. 1977).

Braun, Stefan: Heinrich von Kleist / Sanders, Helma: *Das Erdbeben in Chili*. Eine vergleichende Analyse der Erzähleingänge von Film und Novelle. In: Erzählstrukturen – Filmstrukturen. Erzählungen Heinrich von Kleists und ihre filmische Realisation. Hrsg. von Klaus Kanzog. Berlin 1981. S. 59–89.

Estermann, Alfred: Nacherzählungen Kleistscher Prosa. Texte aus literarischen Zeitschriften des Vormärz. In: Text und Kontext. Quellen und Aufsätze zur Rezeptionsgeschichte der Werke Heinrich von Kleists. Hrsg. von Klaus Kanzog. Berlin 1979. S. 72–82. [Abdruck der Nacherzählung von 1837 des *Erdbebens in Chili* auch in: Appelt/Grathoff (s. o.), S. 103–109.]

Anmerkungen

1 Zitiert wird mit Angabe der Seitenzahl nach der Ausgabe in Reclams Universal-Bibliothek (s. 10. Lektüretipps).
2 Der Bericht des Bischofs und andere mögliche Quellen sind ausführlich zitiert in: Hedwig Appelt / Dirk Grathoff, *Erläuterungen und Dokumente, Heinrich von Kleist, »Das Erdbeben in Chili«*, Stuttgart 2004, S. 37 ff.
3 Zit. nach: Appelt/Grathoff (Anm. 2), S. 78.
4 *Jahrbuch der Grillparzer-Gesellschaft* 33 (1935); zit. nach: Appelt/Grathoff (Anm. 2), S. 108.
5 *Allgemeine Literatur-Zeitung*, 14. Oktober 1812; zit. nach: Appelt/Grathoff (Anm. 2), S. 105.
6 *Leipziger Literaturzeitung*, 28. September 1812; zit. nach: Appelt/Grathoff (Anm. 2), S. 103.
7 2. September 1913 an Felice Bauer; zit. nach: Appelt/Grathoff (Anm. 2), S. 130.
8 Gustav Janouch, *Gespräche mit Kafka. Aufzeichnungen und Erinnerungen*, Frankfurt a. M. 1968, S. 220.
9 »Aufruf der Kleist-Gesellschaft. Februar 1922«; zit. nach: Helmut Sembdner (Hrsg.): *Heinrich von Kleists Nachruhm, eine Wirkungsgeschichte in Dokumenten*. S. 390 [s. 10. Lektüretipps].
10 Zit. nach: Appelt/Grathoff (Anm. 2), S. 134.
11 Zit. nach: Appelt/Grathoff (Anm. 2), S. 143. [Der Kommentar von Helma Sanders ist S. 142 ff. nahezu vollständig abgedruckt.]
12 Berichtet von Johannes Falk in: *Goethe aus persönlichem Umgange dargestellt* (1832). Zit. nach: Appelt/Grathoff (Anm. 2), S. 107.
13 Zit. nach: Appelt/Grathoff (Anm. 2), S. 136.
14 Zit. nach: Appelt/Grathoff (Anm. 2), S. 116 f.
15 Stefan Braun, *Heinrich von Kleist / Helma Sanders, »Das Erdbeben in Chili«. Eine vergleichende Analyse der Erzähleingänge von Film und Novelle*, S. 83 und 85 [s. 10. Lektüretipps].

Raum für Notizen